N & K

Isabelle Neulinger
mit Nancy Ferroni

Meinen Sohn bekommt ihr nie

Flucht aus dem gelobten Land

Aus dem Französischen von
Ulrike Frank

Nagel & Kimche

Für Noam, damit er seine Herkunft nicht vergisst.
Für Mutter, die das Ende der Geschichte nie erfahren hat.

Titel der Originalausgabe: *Jamais vous n'aurez mon fils!*
© 2012 La boîte à Pandore, Brüssel und Paris

1 2 3 4 5   17 16 15 14 13

© 2013 Nagel & Kimche
im Carl Hanser Verlag München
Herstellung: Andrea Mogwitz und Rainald Schwarz
Satz: Gaby Michel, Hamburg
Druck und Bindung: Friedrich Pustet
ISBN 978-3-312-00560-4
Printed in Germany

Prolog

Grenzposten von Taba
Südisrael, Juni 2005

Es ist vier Uhr morgens. Am Himmel über dem Sinai leuchten die ersten Farben des erwachenden Tages, eine Reihe rot schimmernder Schnüre, an denen zahllose blasse Sterne baumeln. Es stimmt, dass sich nur in der Wüste ein solcher Sternenhimmel offenbart. Wäre ich nicht auf der Flucht, würde ich hier anhalten, genau zwischen Meer und Bergen, und dieses Bild betrachten, das wirkt wie aus *Tausendundeiner Nacht*. Dieses gelobte Land, das mir so viel geschenkt hat und aus dem ich mich jetzt davonstehle wie eine Diebin. Aber ich habe keine Zeit, die Landschaft zu bewundern. Was ich in dieser heißen Sommernacht vorhabe, ist der reine Wahnsinn. Mit gutem Grund hat mir Moshe, der Schleuser, einige Kilometer zuvor das Steuer überlassen: Zu riskant, unser Vertrag endet hier.

Als wir in Arad volltankten, bestand er darauf, dass ich eine Vierteltablette Valium nehme. Doch nichts kann die Angst mildern, die mir in allen Gliedern steckt. Kalter Schweiß lässt mich trotz der Hitze der Nacht frösteln. Mein Rücken klebt am Sitz meines kleinen Daihatsu, während sich die gewaltigen Scheinwerfer des Grenzpostens immer deutlicher abzeichnen.

Moshe und ich haben den Übergang in Taba nicht zufällig ausgewählt. Es ist der einzige in ganz Israel, der dreihundertfünfundsechzig Tage im Jahr und rund um die Uhr geöffnet ist – außer an Jom Kippur, dem Versöhnungstag, der wie ein Schalter das ganze geschäftige Leben im Land ausknipst. Es ist auch der meistgenutzte Posten. Am Wochenende, in den Ferien und während der jüdischen Feiertage passieren dort Dutzende Israelis die Grenze, um ihre freie Zeit an der ägyptischen Küste des Roten Meers zu verbringen, in kleinen, schäbigen Badeorten oder wild campierend mitten in der Wüste Sinai. Seit wir in Tel Aviv losgefahren sind, hat mir Moshe immer wieder eingetrichtert, was wir vorher bis ins Kleinste festgelegt haben: Wenn mir die Polizisten Fragen stellen, muss ich vor allem ruhig bleiben, ich bin ein *working girl* aus Tel Aviv, meine Freunde erwarten mich auf der anderen Seite, wir wollen tauchen gehen. Ganz einfach, nicht? Das Rote Meer ist ein Wasserparadies, beliebt bei Tauchern aus der ganzen Welt, und die ägyptischen Strände im Norden, abseits der großen Hotelanlagen und wenige Kilometer von der israelischen Grenze entfernt, sind naturbelassen und vom Massentourismus unberührt. Die Israelis lieben sie trotz der Warnungen, die die Regierung nach dem Attentat der al-Kaida auf das Hilton-Hotel in Taba ausrief, bei dem im Oktober 2004 vierunddreißig Menschen starben. In Israel gewöhnt man sich schnell daran, mit der Bedrohung zu leben.

Heute Nacht gehöre ich also zu diesen zerstreuungsbedürftigen Urlaubern, und ich bin spät aufgebrochen, weil ich nicht von der Arbeit loskam. Während ich mich dem ersten Wächterhäuschen nähere, wiederhole ich im Stillen die Namen meiner angeblichen Freunde, die auf mich warten, und den des Badeorts, wo wir uns treffen.

Im Morgengrauen ist der Übergang wie ausgestorben. Mein Auto ist das einzige auf dem großen Parkplatz. Der Gedanke an die unmittelbar bevorstehende Begegnung mit den Grenzpolizisten lähmt mich. Aber es ist zu spät, um umzukehren. In dieser Nacht fliehe ich mit Noam aus Israel, ich fliehe vor einem Mann, den ich einmal geliebt habe und den ich nun nicht wiedererkenne, ich fliehe aus einem Leben, das er mir aufgezwungen hat und das mit den Vorstellungen einer freien Frau nichts zu tun hat. Heute Nacht entscheidet sich alles, halbe Sachen gibt es nicht. Hinter Taba ist Ägypten, die Freiheit. Oder das Gefängnis. Fünfzehn Jahre mindestens. Und Noam, mein Sohn, mein Ein und Alles, das Kind, für das ich diese Reise unternehme, wird mir für immer genommen. Noam, der hinten zwischen der Taucherausrüstung schläft. Ich weiß, der Schleuser hat mich gewarnt: «Dreh dich auf keinen Fall um, schau immer schön nach vorne!» Aber als ich das Auto abstelle und mich gegenüber den Zollbeamten, die mich von weitem beobachten, entspannt gebe, indem ich mich strecke, werfe ich einen Blick in den Rückspiegel, und das, was ich sehe, lässt mir das Blut in den Adern gefrieren. Im Schlaf hat sich das Baby bewegt, und hinten im Wagen schauen unverkennbar ein Händchen und ein Füßchen zwischen Flossen und Schnorcheln hervor.

Teil eins **Mein gelobtes Land**

Ein Kind der ganzen Welt

Nie habe ich mich in erster Linie als Belgierin gefühlt und auch nicht als Schweizerin oder Israelin, sondern als ein Kind der ganzen Welt, einer Welt, die ich durch meine Eltern sehr früh kennengelernt habe. Ich wurde in Belgien geboren und wuchs südlich von Brüssel auf, in Watermael-Boitsfort, einer der kleinsten von insgesamt neunzehn Gemeinden, die die Hauptstadt Europas bilden. Ich bin Jüdin, mit polnischen Wurzeln von meiner Mutter und österreichischen von meinem Vater. Meine beiden Großväter Isaac und Philippe waren Diamantenschleifer im flämischen Antwerpen. Die beiden waren eng befreundet, und ihre Kinder – mein Vater und meine Mutter – spielten häufig miteinander.

Als der Zweite Weltkrieg ausbrach, trennten sich ihre Wege. Nach dem Einmarsch der Nazis in Belgien mussten sie mit ihren Familien fliehen und nahmen das einzige Tauschmittel mit, das ihnen blieb: ihre kleinen geschliffenen Diamanten. Sie brauchten nur ein gutes Versteck.

Isaac, der Vater meiner Mutter, ließ seine Steine in einer leeren Konservenbüchse verschwinden, deren Deckel er wieder anschweißte. Die fünfköpfige Familie machte in Paris Halt und kam in einem Stundenhotel unter. Eines Nachts, als sie alle eng zusammengepfercht in ihrem kleinen Zimmer lagen, wurden sie von einem lauten Knall aus dem Schlaf gerissen. Die schlecht verschweißte Dose war explodiert und hatte die Diamanten über den ganzen Boden und die mit rotem

Samt bezogenen Wände verteilt. Meine Mutter erzählte mir, wie sie und ihre Schwester drei Tage lang auf allen vieren herumgerutscht waren, um die Steinchen, die kaum größer als Stecknadelköpfe waren, in mühseliger Kleinstarbeit mit Pinzetten wieder einzusammeln.

Philippe, mein Großvater väterlicherseits, hatte seine Diamanten in einem Sack Reis versteckt. Bei dem Versuch, mit falschen Papieren über die Grenze nach Spanien einzureisen, erklärten ihm die Zöllner jedoch, dass die Einfuhr von Lebensmitteln nicht erlaubt sei und er den Reissack abgeben müsse. Eine List musste her … Mein Großvater gab vor, seinen Pass vergessen zu haben, machte vor dem verblüfften Zollbeamten auf dem Absatz kehrt und suchte einen sicheren Ort auf, um die Diamanten aus dem Sack zu klauben. Danach konnten er und seine Familie die Grenze ohne weitere Zwischenfälle überqueren – den Reis ließen sie zurück. Wo er die Diamanten diesmal versteckt hat, haben wir nie erfahren.

Nach ihrem Aufenthalt in Paris zog die Familie meiner Mutter weiter nach Südfrankreich, um von dort in die Vereinigten Staaten zu gelangen, die inzwischen in den Krieg eingetreten waren. Mein Großvater brachte sie – ebenfalls mit gefälschten Papieren – an Bord eines Schiffs, das von Spanien übersetzte. Es war das letzte, das in Kuba unter General Batista anlegen durfte. Dort blieben sie bis zum Kriegsende.

Die Familie meines Vaters verschlug es nach Portugal. Mein Vater Philip wurde Jagdpilot und verpflichtete sich bei der Royal Air Force, wo er unter belgischem Kommando eine der legendären Spitfire-Maschinen flog. Später sollte er in der zivilen Luftfahrt Karriere machen und Flugkapitän bei der

Sabena werden, der damaligen staatlichen Airline Belgiens. Er war es, der meiner Schwester und mir die Lust am Reisen und das Interesse für fremde Kulturen mitgegeben hat.

Die zahlreichen Brüder und Schwestern meiner Großeltern hatten nicht so viel Glück: Fast alle wurden von den Nazis deportiert und umgebracht.

Nach dem Krieg erhielten meine Großväter Visa für die Vereinigten Staaten, und beide ließen sich in New York nieder, ohne voneinander zu wissen.

Eines Tages spazierte mein Vater, frisch aus dem Kriegsdienst entlassen, in seiner stattlichen, mit Orden schwer behängten Uniform der Royal Air Force an der Seite seines Vaters die vornehme Fifth Avenue entlang. Der Zufall wollte es, dass ihnen genau in diesem Moment mein Großvater Isaac in Begleitung seiner Tochter Stella entgegenkam. Philippe und Isaac, die sich seit ihrer Abreise aus Antwerpen nicht mehr gesehen hatten, fielen sich in die Arme. Mein Vater verfiel augenblicklich Stella, seiner Spielkameradin aus Vorkriegszeiten. «Papa, dieses Mädchen werde ich heiraten», rief er seinem Vater zu.

Erst da erzählte ihm mein Großvater von der Abmachung, die er mit Isaac in Flandern getroffen hatte. Isaac war bei der Geburt meines Vaters dabei gewesen und mit Philippe im Flur des Krankenhauses auf- und abmarschiert. Und Philippe hatte dasselbe bei der Geburt meiner Mutter getan. Damals hatten sich die beiden Freunde versprochen, ihre Kinder miteinander zu verheiraten – was somit geschah, dank der zufälligen Begegnung in Manhattan.

Doch auch ohne dieses Arrangement meiner Großväter hatte die Liebe leichtes Spiel, und die Hochzeit wurde bald darauf gefeiert. Meine Schwester Lynn kam in New York zur Welt, und die kleine Familie lebte noch einige Jahre in den USA, wo mein Vater für eine amerikanische Airline flog.

Meine Mutter erzählte mir, wie groß ihre Enttäuschung war, als sie nach Belgien zurückkehrten. Alles musste nach dem Krieg wiederaufgebaut werden, und der Unterschied zwischen den technisch fortschrittlichen USA und dem winzigen Belgien, wo gerade die ersten elektronischen Haushaltsgeräte und neu auch Alufolie auf den Markt kamen, war enorm. Als mein Vater bei der Sabena angestellt wurde, bat man ihn, auf seine amerikanische Staatsangehörigkeit zu verzichten. Es war die Zeit des Kalten Kriegs, und in den Ländern des Ostblocks, die er häufig anflog, war ein Pass der USA nicht gern gesehen. So kam es, dass meine Schwester Lynn in den Vereinigten Staaten als Kind amerikanischer Eltern geboren wurde, während ich in Belgien als Kind belgischer Eltern das Licht der Welt erblickte!

Ich wuchs also in der Heimat von Jacques Brel auf, im Land der Schokolade, des Biers und des Surrealismus. Die jüdische Schule besuchte ich nicht, und auch den Sabbat hielten wir nicht ein, für uns war es ein Tag wie jeder andere. Allerdings gingen meine Mutter und ich regelmäßig in die Synagoge, und wir feierten zu Hause die wichtigen Feste wie den Neujahrstag Rosch ha-Schana, das Versöhnungsfest Jom Kippur, das Laubhüttenfest Sukkoth, das Lichterfest Chanukka und natürlich Pessach, das jüdische Osterfest. Vor allem meiner Mutter bedeuteten die Traditionen viel. Niemand verstand es, «gefilte Fisch», «Kneidlach» (Knödel aus ungesäuertem Teig), gehackte Leber und andere aschkenasische

Speisen wie sie zuzubereiten, ganz zu schweigen von ihrer Hühnerbrühe, dem bekannten «jüdischen Allheilmittel». Mein eher pragmatischer, den weltlichen Dingen zugewandter Vater legte auf diese Dinge zwar keinen großen Wert, meiner Mutter zuliebe machte er jedoch mit.

Wie viele meiner Freunde, die ebenfalls den jüdischen Gemeinden von Brüssel und Antwerpen angehörten, besuchte ich eine staatliche Schule und bewegte mich in einem liberalen Umfeld. Trotzdem war ich mir meiner jüdischen Identität stets bewusst. Ich erhielt eine humanistische Bildung, lernte Griechisch und Latein und brachte gute Noten nach Hause, obwohl ich mit dem Schulsystem, das ich vollkommen idiotisch fand, auf Kriegsfuß stand. Der Unterricht langweilte mich zu Tode, Rockmusik und Jungs interessierten mich mehr. Aufmüpfig schwänzte ich die Schule und spielte stattdessen Theater. Ich setzte meinen Kopf durch, suchte die Konfrontation und ging schon aus Prinzip ausschließlich mit nichtjüdischen Männern aus. Meine Eltern waren alles andere als begeistert.

Auf keinen Fall wollte ich mich in eine Rolle fügen, die sie für mich vorgesehen haben könnten. Ich schätzte meine Eltern für ihr offenes Denken, für die vielen Reisen und die Unternehmungen, die mich geprägt hatten. Und doch kam für mich nicht infrage, deshalb einen jüdischen Mann aus guter Familie nach Hause zu bringen, wie es sich vielleicht gehört hätte.

Ich zog früh von daheim aus und fing bei einer amerikanischen Firma im Sekretariat an. Meine Eltern wussten inzwischen, dass jede Widerrede zwecklos wäre, und ließen mir in allen Dingen freie Hand.

Und so wurde eines Tages die Schweiz zu meiner neuen Heimat. Wieder einmal entschied der Zufall: Während eines Besuchs bei einer Freundin aus der Kindheit sollte eine unverhoffte Liebe meinem Leben eine entscheidende Wendung geben.

Ich heiratete in der Schweiz und lebte mit meinem Mann in Lausanne. Doch mit zweiunddreißig Jahren starb er völlig überraschend an einem Hirnschlag. Das zog mir den Boden unter den Füßen weg. Zum ersten Mal wurde ich mit dem Tod konfrontiert, und von einem Tag auf den andern stand ich allein da. Glücklicherweise war meine Familie in der Zwischenzeit aus Belgien in meine Nähe gezogen, meine Schwester lebte mit ihrer Familie in Genf, meine Eltern in Annecy, gleich hinter der französischen Grenze.

Ich nahm mir in Lausanne eine neue Wohnung. Doch der Schock saß tief, und ich sehnte mich nach einem Ort, der nur mir gehörte, der mich nicht ständig an etwas erinnerte. Dabei liebte ich die Stadt, ihre Lage mitten in Europa, die Postkartenlandschaft rundherum, den See, die nahen Berge. Ich hatte einen guten Job in einem internationalen Konzern, ich hatte meine Familie und meine Freunde, die mir eine große Stütze waren, denn tatsächlich gab es auch Menschen, die aus meiner Not ihren Nutzen zu ziehen versuchten.

Es sollte vier Jahre dauern, bis ich mich wieder aufgerappelt und den Tod meines Mannes überwunden hatte, Jahre, in denen ich viel dazulernte und an deren Ende ich zumindest eine klare Erkenntnis gewonnen hatte: Ich komme auch allein zurecht.

Die Offenbarung

Bis zu diesem Zeitpunkt wusste ich nichts oder nur wenig von Israel. Vor und nach dem Krieg emigrierten einige meiner Verwandten dorthin, und wir besuchten sie manchmal in den Ferien. Ich erinnere mich an meine Großtante Flor, eine Pionierin, die schon Anfang der dreißiger Jahre auswanderte, an entfernte Cousins, die ich nur flüchtig kannte, an Sommerferienlager, die keinen bleibenden Eindruck hinterließen. Viel weiter reichen meine Kindheitserinnerungen nicht.

Das sollte sich im Frühjahr 1999 schlagartig ändern. Eine meiner Cousinen, die in Brüssel lebt, fragt mich, ob ich nicht mit ihr verreisen möchte. Wir sind zusammen in Belgien aufgewachsen und stehen uns trotz der Kapriolen, die das Leben so schlägt, und der vielen Kilometer, die uns trennen, sehr nah. Schon lange wollen wir zusammen Urlaub machen, doch immer kommt irgendetwas dazwischen. Dieses Mal finden wir tatsächlich eine freie Woche im Juni, und aufgeregt wie zwei Teenager spielen wir alle möglichen Urlaubsziele in der Sonne durch. Griechenland, Türkei, Spanien? Warum nicht Israel? «Wie wär's mit Eilat?», schlägt meine Cousine vor. Eilat liegt im Süden, am Roten Meer. Ich kenne den Ort nicht, meine Cousine war auch noch nie dort, aber die Fotos in den Katalogen sprechen für sich: türkisblaues Wasser, Sonne, ein Paradies für Taucher. Wir sind uns sofort einig: Eilat soll es werden.

Bereits kurz nach der Ankunft, auf dem Weg in unser Klub-hotel, macht sich Enttäuschung breit. Eine Hotelanlage reiht sich an die andere, die Architektur entlang der Küste ist trost-los – Stadtplanung ist hier anscheinend ein Fremdwort. Eilat bildet zwar das Tor zur Wüste Negev, doch vom Charme einer Wüstenstadt mit Beduinenzelten, die ich hier vorzufin-den hoffte, ist nichts zu spüren. Wir könnten ebenso gut an der Costa Brava sein. Doch Eilat ist auch das Paradies für Nachtschwärmer. Meine Cousine und ich lassen uns nicht zweimal bitten und stürzen uns ins Vergnügen. Alle Vorur-teile, die ich diesem Land gegenüber hatte, lösen sich inner-halb von zwei Tagen in Luft auf. Ich habe damit gerechnet, Kibbuzniks in Sandalen zu begegnen, und lerne ein Land kennen, das technisch und wirtschaftlich auf dem höchsten Stand ist. Über das Oberflächliche unserer Klubanlage sehe ich schnell hinweg und bin überwältigt von der allgegenwär-tigen Modernität. Kurz: Meine anfängliche Überheblichkeit schlägt in Bewunderung um.

Eilat ist am Puls der Zeit, seine Bewohner sind jung, urban, ohne Sorgen. Ehud Barak, der Ministerpräsident, gibt mit seiner Beschwichtigungspolitik dem Frieden Aufschwung. Außerdem gibt es hier erstklassigen Espresso und einen Wein, der locker mit dem europäischen mithalten kann – für mich als Kaffee- und Weinliebhaberin nicht ganz unwichtig. Der Geburtstag meiner Cousine fällt in die Ferien, und ich schen-ke ihr eine Fahrt mit dem Schiff an der Küste von Eilat und der Halbinsel Sinai entlang. Wir verbringen einen großarti-gen Tag, schwimmen im kristallklaren Wasser, tauchen nach Fischen und Korallen. Als das Boot zur Mittagszeit den An-ker wirft, sind rings um uns die Küsten Ägyptens, Israels, Jor-daniens und Saudi-Arabiens am Horizont zu erkennen. Der

Blick auf die Berge, deren Hänge ins Rote Meer abfallen, ist atemberaubend schön. Es ist endgültig um mich geschehen, und am Ende meiner Ferien steht fest: Genau hier, in Israel, möchte ich mein Leben fortsetzen.

Abschied von der Schweiz

Das Rückkehrgesetz von 1950, nach dem jeder Jude sowie sein Ehepartner, seine Kinder und Enkelkinder das Recht haben, in Israel zu leben, ist mir bekannt, und dieses Recht erscheint mir schon bald wie eine positive Pflicht. Ich werde also meine Alija machen, was auf Hebräisch so viel wie «Aufstieg» bedeutet.

Von diesem Moment an laufen die Dinge wie von selbst.

Zurück in der Schweiz, teile ich allen unverzüglich meinen Entschluss mit – und löse damit ein kleines Erdbeben aus. Niemand nimmt es ungerührt. Die einen ermutigen mich, die andern versuchen, mich davon abzubringen, indem sie das Gespenst des schwelenden israelisch-palästinensischen Konflikts heraufbeschwören. Letztere können oder wollen nicht verstehen, wie ich ein so sicheres, wohlhabendes und friedliches Land wie die Schweiz verlassen kann, um in einem Staat zu leben, der, Fortschrittlichkeit hin oder her, in einer Region liegt, deren politische Instabilität schon seit Jahrzehnten regelmäßig für Schlagzeilen sorgt.

Lange bespreche ich meine Entscheidung mit meinen Eltern. Sie sind enorm aufgeregt, aber seit meinen Rebellenjahren wissen sie, dass sie keine Wahl haben. Also unterstützen sie mich in meiner Entscheidung und respektieren den Weg, den ich gewählt habe. In Gedanken ziehe ich Bilanz und komme zu dem Schluss, dass es für mich in der Schweiz nichts mehr zu tun gibt: Ich war hier glücklich, habe geheiratet, wurde Witwe. Ich habe Leid erfahren und gelernt, es zu überwinden. Nun ist es an der Zeit für einen Neuanfang.

Gleich am ersten Arbeitstag nach den Ferien passe ich meinen Chef ab, um ihm mein verrücktes Vorhaben beizubringen und ihm im gleichen Zug meine Kündigung zu überreichen. Er kennt den Nahen Osten und Israel gut, da er mit einer koptischen Ägypterin verheiratet ist und lange Zeit in der Gegend gearbeitet hat. Seine Worte werden mir immer in Erinnerung bleiben: «Mein Mädchen, ich sehe, wie deine Augen leuchten. Geh nur, ich weiß, dass ich dich nicht aufhalten kann. Geh deinen Weg, du wirst sehen, dass man sich Gott dort unten näher fühlt, selbst wenn man nicht an ihn glaubt.» Er möchte mir sogar helfen, in Israel Arbeit zu finden.

Mir ist leicht ums Herz. Ich bin überzeugt, dass ich in Israel ein neues Kapitel aufschlagen kann, nachdem das vergangene abgeschlossen ist. Ein neues Leben liegt vor mir. Angst habe ich nicht.

Olah, Einwanderungskandidatin

Kurz bevor das neue Jahrtausend anbricht, ziehe ich einen Schlussstrich unter mein Leben in Lausanne.

Ich besuche den Rabbi der israelitischen Gemeinde von Lausanne, der ich angehöre. Er bestärkt mich in meinem Vorhaben und gibt mir wertvolle Ratschläge. Er klärt mich darüber auf, dass ich vor meiner Einwanderung nach Israel zuallererst meine Herkunft beglaubigen, also meine jüdische Zugehörigkeit beweisen müsse, was weit mehr als eine reine Formsache sei. Ich soll dem Rabbi eine Kopie der Ketubba meiner Eltern besorgen. Doch wie komme ich an ihren Ehevertrag, wenn sie in New York geheiratet haben? Mit einem unguten Gefühl eile ich zu meiner Mutter. Zum Glück weiß sie sofort, wo sie die Ketubba abgelegt hat. Nun kann der Rabbi die nötigen Nachforschungen über meine Familie anstellen und mir schließlich den Nachweis aushändigen, dass ich Jüdin bin. Der Einwanderungsprozess kann beginnen.

Ich stelle fest, dass die Einwanderung in Israel wie eine Staatsangelegenheit behandelt wird. Die Jewish Agency for Israel, auch Sochnut genannt, kümmert sich schon im Herkunftsland um die Vermittlung jüdischer Einwanderungskandidaten, der Olim. Sie entscheidet, ob man einreisen darf oder nicht. Auf Anraten des Rabbi lasse ich mir bei der Schaliach, der Beauftragten der Organisation in Genf, einen Termin geben. Sie legt für mich eine Einwanderungsakte an und erläutert mir das weitere Vorgehen. Die Schweizer Einwanderungswilligen sind nicht gerade zahlreich, wie mir sogleich bewusst wird.

Mein Flug wird von der Agency bezahlt, ohne Rückflug, versteht sich, und die Agency wird auch ein Einreisevisum beim israelischen Konsulat beantragen. Weil ich mich zum ersten Mal in Israel niederlasse, habe ich den Status einer Olah Hadascha, einer Neueinwanderin. Dieser ist nicht zu verwechseln mit dem Status israelischer Staatsbürger, die im Ausland geboren wurden oder dort lange lebten und daher keine «Neueinwanderer», sondern schlicht «Einwanderer» sind.

Die Beauftragte erklärt mir, dass die israelische Regierung den neuen Immigranten eine Reihe von Vorzügen gewährt, das sogenannte «Integrationspaket». Darin enthalten sind beispielsweise Wohngeld, eine kostenlose Krankenversicherung für die ersten sechs Monate, die Befreiung von der Einkommenssteuer und das Angebot, Elektrogeräte und Autos steuerfrei zu erwerben. Für Menschen, die sich an ein neues Leben gewöhnen, Hebräisch lernen, Unterkunft und Arbeit finden und sich in eine fremde Gesellschaft und Kultur eingliedern müssen, sind diese Vergünstigungen viel wert.

Zusätzlich gewährt der Staat Einwanderern aus benachteiligten Ländern eine finanzielle Unterstützung, deren Höhe vom jeweiligen Herkunftsland abhängt. Da die Schweiz nicht zu den benachteiligten Ländern gehört, steht mir diese Hilfe nicht zu, aber das ist mir gleich. Ich habe Geld gespart und möchte ohnehin schnell eine Beschäftigung finden.

Weil ich in Israel keine Unterkunft habe, entschließe ich mich, die ersten Monate im Merkaz Klita, einem Eingliederungszentrum, zu überbrücken, wo mir die Agency ein Zimmer reserviert. Für eine bescheidene Miete kann ich hier bis zu einem Jahr bleiben. Diese Zentren, die übers ganze Land verteilt sind und von der Agency und dem Ministerium für Integration geleitet werden, sollen den Einwanderern das Ankommen und Einleben in der neuen Heimat erleichtern. Der Standard ist einfach, und ganz gleich, ob man aus der Schweiz, aus Russland oder Äthiopien kommt, jeden erwartet dasselbe Programm: Am Morgen wird im Ulpan, der Hebräischschule, die neue Sprache gelernt, der Nachmittag steht für die Arbeits- und Wohnungssuche zur Verfügung.

Ich werde dem Zentrum in Ra'anana zugeteilt, einer kleinen wohlhabenden Stadt zwanzig Kilometer nördlich von Tel Aviv, die viele Einwanderer aufnimmt. Ein glücklicher Zufall will es, dass eine Cousine meiner Mutter auch in Ra'anana und zudem ganz in der Nähe des Wohnheims lebt. Sie wird mir in meiner Anfangszeit in Israel unter die Arme greifen und alles tun, um mir das Ankommen zu erleichtern. Ich werte es als gutes Omen.

Ein paar Wochen später bekomme ich vom israelischen Konsulat meinen Schweizer Pass mit dem offiziellen Einreisestempel zurück. Vor Freude mache ich einen Luftsprung.

Der Sommer des Jahres 1999 ist in der Schweiz warm und schön. Heiter gestimmt bereite ich meinen Abschied vor. Ich habe einige Flaschen guten Wein im Keller und nutze das herrliche Wetter, um die Vorräte bei gemeinsamen Abendessen mit Freunden aufzubrauchen. Ich organisiere improvisierte Trödelstände und verschachere meine Skianzüge und die warmen Kleider, die ich unter der Sonne Israels nicht mehr brauchen werde. Ich gebe Möbel, Teppiche, Nippes, einfach alles weg. Meine Freunde und ich lassen kein Konzert und kein Musikfestival aus, auch nicht mein geliebtes Jazzfestival in Montreux. Es ist ein wunderbarer, unvergesslicher Sommer. Ein Sommer der Freundschaft.

In drei Monaten ist alles unter Dach und Fach. Mietvertrag und Versicherungen sind gekündigt, Rechnungen beglichen, Steuern bezahlt. Ich besorge mir die Papiere, die ich bei meiner Ankunft in Israel brauchen werde, lasse sie notariell beglaubigen und zum Teil ins Hebräische und Englische übersetzen.

Im September reise ich zum Neujahrsfest Rosch ha-Schana nochmals nach Israel, um mir ein Bild von allem zu machen. Bei dieser Gelegenheit treffe ich auch meine Großtante Flor in Tel Aviv und Freunde der Familie in Haifa, ganz im Norden. Mehr denn je habe ich die Gewissheit, das Richtige zu tun.

Ende September verabschiede ich mich von meinen Arbeitskollegen. Am 10. Oktober fliege ich nach Tel Aviv, meine ganze Familie bringt mich zum Flughafen. Wir treffen früh ein, da sich die Sicherheitskontrollen bei Flügen nach Israel endlos lange hinziehen. Meine Eltern können ihre Tränen kaum zurückzuhalten. Mir geht es wie ihnen, aber ich lasse mir nichts anmerken. Die israelische Fluggesellschaft El Al gesteht mir aufgrund von Übereinkommen mit der Agency achtzig Kilogramm Gepäck zu. Ich habe mich von Hab und Gut getrennt, mein ganzes Leben passt in sechs Koffer. Ich reise ohne großen Ballast.

Ra'anana

Mein Flieger landet am späten Nachmittag auf dem internationalen Flughafen Ben Gurion. Es regnet, der Herbst kündigt sich an, und der Himmel wirkt mit seinen leuchtenden Farben geradezu biblisch, was in gewisser Hinsicht meinen Gemütszustand spiegelt. Während ich auf mein Gepäck warte, muss ich an all die Einwanderer denken, die vor mir hier angekommen sind, die denselben Weg zurückgelegt, das Gleiche empfunden haben. Das Gefühl ist schwer zu beschreiben: Die Herausforderung eines neuen Lebens, ein Zugehörigkeitsbedürfnis, aber auch die Gewissheit, am richtigen Ort zu sein – dies alles schwingt mit.

In Genf hat mich die Beauftrage der Jewish Agency angewiesen, nach meiner Ankunft das örtliche Büro des Ministeriums für Integration aufzusuchen, das sich im ersten Stock des Flughafens befindet. Dort werden die ersten Einreiseformalitäten erledigt. Feierlich überreicht mir der Beamte meinen Immigrantenausweis, den magischen Türöffner für alle administrativen Angelegenheiten. Man deckt mich auch mit Formularen ein, die ich brauche, um ein Bankkonto eröffnen und mich bei der Sozial- und der Krankenversicherung anmelden zu können, und überreicht mir, *last but not least,* meine nationale Identitätsnummer, die mich mein Leben lang verfolgen wird. Zusammen mit dem Immigrantenausweis begründet sie meine israelische Staatsangehörigkeit und dient als vorläufiger Identitätsausweis, bis mir der richtige vom Innenministerium ausgestellt wird. Jetzt bin ich also israelische Staatsbürgerin, komme, was da wolle.

Über die ganze Anmeldeprozedur ist es Nacht geworden. Ich sammle meine Gepäckstücke zusammen und gehe durch den Zoll und die Passkontrolle. Als Einwanderin steht es mir zu, umsonst vom Flughafen zu meiner Unterkunft gebracht zu werden. Doch während mich das Taxi nach Ra'anana fährt, werde ich große Abenteurerin immer kleiner... Der Fahrer lädt mich und meine sechs Koffer beim Eingliederungszentrum ab.

Dort wartet Esther, die Cousine meiner Mutter, schon seit Stunden auf mich. Zu dieser späten Uhrzeit ist das Sekretariat bereits geschlossen, so kann ich mich erst am nächsten Tag anmelden. Esther begleitet mich auf mein Zimmer im dritten Stock. Ich sehe, dass der Flur und die Tür mit bunten Luftballons und Willkommensbändern geschmückt sind: Esther und ihre zwei Töchter haben mir diesen Empfang bereitet. Vor Rührung muss ich weinen. Ich fühle mich etwas verloren, der Tag war lang, die Müdigkeit macht sich bemerkbar. Esther nimmt mich mit zu sich nach Hause und stellt mir ihren Mann und die Kinder vor. Nach dem Abendessen fährt sie mich zurück ins Heim, wo ich erschöpft aufs Bett sinke und, ohne von meiner Umgebung groß Notiz zu nehmen, sofort einschlafe.

Am nächsten Morgen stelle ich fest, dass die Frau von der Agency nicht gelogen hat: Der Standard hier ist tatsächlich einfach. Die Wohneinheit, die mir zugeteilt wurde, besteht aus zwei Zimmern, notdürftig möbliert mit einem schmalen Bett, einem Stuhl, einem Regal und einem kleinen Schreibtisch. Dazu kommen eine Duschkabine und eine Küche, in der ein Kühlschrank steht. Alles ist alt, abgenutzt und sehr schmutzig. Der Kühlschrank muss aus den fünfziger Jahren stammen, aber zumindest funktioniert er, wenn man es schafft, die Tür mithilfe eines Stuhls zu schließen. Nur ist es der einzige Stuhl, den ich habe …

Einige Wohnungen des Zentrums wurden renoviert, hieß es, nur gehört meine offensichtlich nicht dazu. Ich weiß nicht, wo anfangen, es fehlt am Allernötigsten. Vor allem brauche ich Putzmittel und Eimer, um gründlich saubermachen zu können, bevor ich beginne, mich hier einzurichten. Anstatt mir weiter den Kopf zu zerbrechen, nehme ich erst einmal eine Dusche. Das Wasser ist warm – was nicht immer der Fall sein wird –, und ganz in Gedanken versunken bemerke ich nicht, wie der Pegel immer höher steigt. Als ich die Kabine verlasse, stehe ich bis zu den Knöcheln im Wasser: Der Abfluss ist total verstopft. Die Koffer im Schlafzimmer schwimmen, und von der Tür über den Flur bis zur Treppe hat sich ein kleiner Fluss gebildet.

Selbstverständlich habe ich nichts, womit ich die Überschwemmung beseitigen könnte. Mir dämmert, dass ich den Aufenthalt hier sportlich nehmen muss. Einige meiner Sachen sind nicht mehr zu retten, doch wenigstens sind die Papiere noch heil. So gut es geht, breite ich alles um mich herum zum Trocknen aus und gehe dann runter zum Empfang, um Hilfe zu holen. Ich platze ins Sekretariat, und statt eines Grußworts verkünde ich, dass meine Dusche alles unter Wasser gesetzt habe. Unbeeindruckt heißt mich die Sekretärin willkommen. Die Probleme mit den Wasserleitungen seien ihnen bekannt, doch dies sei kein Grund zur Panik, es gebe ja Gaston. Gaston ist der Mann für alles, Klempner, Elektriker und Bastlergenie in einem. Und vor allem ist er so überlastet, dass ihn die Bewohner «Machar» nennen, was auf Hebräisch «morgen» bedeutet. Es werden zehn Tage vergehen, bis Machar meine Dusche repariert haben wird.

Alleinstehende wohnen hier im Haus mit anderen zusammen. Auch ich muss meinen Behelfspalast mit einer mir unbekannten Frau teilen, die noch nicht eingetroffen ist.

Unterdessen erkunde ich die Umgebung. Das Eingliederungszentrum ist ein großer Betonkomplex, bestehend aus mehreren Gebäuden, die um einen zentralen Bau angeordnet und durch Innenhöfe und Rasenflächen miteinander verbunden sind. In den einzelnen Gebäuden sind die Wohneinheiten, Unterrichtszimmer und Gemeinschaftsräume untergebracht. Auf der rechten Seite des Haupteingangs befinden sich ein Foyer mit Sitzgelegenheiten, das Sekretariat und ein PC-Raum, in dem drei Computerdinosaurier ihr Dasein fristen. Immerhin hat man hier die Chance, mit anderen Bewohnern ins Gespräch zu kommen. Auf der linken Seite sind die Waschküche, wo immer Hochbetrieb herrscht, eine Synagoge und ein Vortragsraum, in dem auch Feste gefeiert werden.

Über Eintönigkeit kann ich mich nicht beklagen. Die Hausbewohner kommen von überall her, aus Frankreich, England, den Vereinigten Staaten, Kanada, Australien, Südafrika, Argentinien und Kolumbien, darunter Junge, Rentner, Alleinstehende, Paare, Familien. Die Gründe, die uns hierhergeführt haben, mögen ganz unterschiedlicher Art sein: persönlich, ideologisch, wirtschaftlich, religiös oder politisch; ein jeder bringt sein Bündel mit, seine eigene Kultur. Doch sind wir alle ähnlich hilflos angesichts der gewaltigen Aufgabe, die uns hier erwartet: bei null anfangen, einen Neubeginn wagen.

Meine Eltern hatten die Weitsichtigkeit, uns Kindern verschiedene Sprachen beizubringen, für mich das kostbarste

Geschenk überhaupt. Neben Flämisch, das wir in der Schule lernen mussten, spreche ich fließend Französisch, Englisch und Spanisch, und ich verstehe Jiddisch. So kann ich mich mit den meisten Bewohnern des Zentrums unterhalten. Ich schließe Freundschaft mit Jacobo, der kurz vor mir eingetroffen ist. Er kommt aus Kolumbien, ist Ingenieur und kann sich mit seinem ganz besonderen und unerschütterlichem Humor auch mal selbst auf den Arm nehmen. Mit anderen Einwanderern aus Südamerika gehen wir im Park picknicken oder veranstalten Grillpartys, teilen Freud und Leid, tauschen die für uns in der Fremde lebenswichtigen Informationen aus und haben viel Spaß.

Kafka ist Israeli

Bevor ich von einer Immigrantin zu einer vollständig integrierten Israelin werde, muss ich die gefürchtete israelische Bürokratie durchlaufen, deren Ruf bis weit über die Landesgrenzen hinaus bekannt ist. Sie «tyrannisch» und «willkürlich» zu nennen, ist keine Übertreibung – wohl eine späte Hinterlassenschaft der sozialistischen Ausrichtung während der Staatsgründung. Rasch begreife ich, dass Geduld hier nicht fehl am Platz ist. Ein ausgeprägter Sinn für Humor ebenso wenig.

Da der Hebräischunterricht für uns Neue noch nicht begonnen hat, möchte ich die freie Zeit nutzen, um die administrativen Formalitäten rasch hinter mich zu bringen.

Laut staatlicher Verordnung besteht der erste Schritt darin, sich seine Gasmaske abzuholen. Danach muss ich ein Bankkonto eröffnen, mir einen Identitätsausweis ausstellen lassen und mir eine Sozial- und Krankenversicherung zulegen. Die Gasmaske ist schnell besorgt. Mit meinem Immigrantenausweis gehe ich zur entsprechenden Ausgabestelle und bin sogleich Besitzerin eines brandneuen Notfallsets, das mich im Kriegsfall vor atomaren, chemischen und biologischen Waffen schützt. Neben der Gasmaske enthält das Set Wasser und eine Atropinspritze, die als Gegengift eingesetzt wird. Zwar bezweifle ich, dass mir damit bei einem Scud-Raketenangriff geholfen wäre, aber ich schiebe die Zweifel beiseite und gehe zum nächsten Punkt über. Nun wird es schon komplizierter. Um meine Rechte als Immigrantin geltend zu machen, muss ich Inhaberin eines Bankkontos sein, um ein Bankkonto zu eröffnen, brauche ich einen Identitätsausweis, und um mich bei einer Krankenkasse anzumelden, muss ich einen Identitätsausweis und ein Bankkonto vorweisen können.

Ich benötige volle zehn Tage, um ein Bankkonto zu eröffnen, mindestens zehn Gänge zur hiesigen Bank und ungefähr achtzehn Anrufe bei meiner Schweizer Bank. Erschrocken stelle ich fest, dass hier nahezu alle auf Kredit leben und ein überzogenes Konto nicht nur normal ist, sondern von den im gnadenlosen Konkurrenzkampf stehenden Banken geradezu gefördert wird. Man wählt die Bank aus, die einem den besten Zinssatz bietet … auf das Kontodefizit, das normalerweise zwischen einem und anderthalb Monatsgehältern beträgt. Zuerst wird gekauft und erst dann überlegt, woher man das Geld dafür eigentlich nimmt.

Ich entschließe mich, mir ein Handy zuzulegen, um so die weiteren Schritte besser in Angriff nehmen zu können und nicht vor der einzigen dauerbelagerten Telefonzelle des Zentrums Schlange stehen zu müssen. Doch wieder dasselbe Spiel: Möchte man ein Telefon kaufen, muss man einen Vertrag mit einem Telefonanbieter vorlegen, um einen Vertrag mit einem Anbieter abzuschließen, braucht man eine israelische Kreditkarte, um an eine Kreditkarte zu kommen, muss man über ein Bankkonto verfügen, doch um ein Bankkonto zu eröffnen, braucht man einen Identitätsausweis. Nach wenigen Tagen dieses bürokratischen Spießrutenlaufs stehe ich kurz vor einem Nervenzusammenbruch. Ich überlege mir ernsthaft, den nächsten Flieger zurück nach Genf zu nehmen. Würden die Integrationsämter es darauf anlegen, die Einwanderer zu vergraulen, sie könnten es nicht besser machen.

Auch die Beamten in den Ministerien und Regierungsbehörden sind alles andere als liebenswürdig und können in der Regel weder Englisch noch Französisch, sondern reden hartnäckig entweder auf Hebräisch oder, meiner blonden Haare wegen, auf Russisch auf mich ein. Während der siebziger Jahre und nach dem Zusammenbruch der Sowjetunion kamen nämlich viele Russen ins Land. Das würde auch erklären, weshalb ich mir wie in einem Dokumentarfilm über den Kalten Krieg oder wie das Opfer einer Kaderverschwörung in der ehemaligen Sowjetunion vorkomme, sobald ich eine Amtsstube betrete.

Am Telefon habe ich nicht mehr Glück. Die öffentlichen Verwaltungen sind ausschließlich über Anrufbeantworter erreichbar, und die sind entweder auf Hebräisch, Russisch oder Arabisch besprochen, was für jemanden, der keine dieser Sprachen beherrscht, keine große Hilfe ist. Eine Rolle spielt das im Übrigen kaum, da ohnehin nie jemand zurückruft.

Die Expeditionen zu den regionalen Dienststellen des Innenministeriums, wo Pässe und Ausweise ausgestellt werden, kommen einem Nationalsport gleich. Fast könnte man sich an öffentlichen Treffpunkten wähnen, gemessen an der Zeit, die man dort verbringt. Einen Tag muss man mindestens einplanen, dazu die nötige Lektüre, Essensvorräte, Wasser und Toilettenpapier. Und man sollte früh aufstehen, weil die Ämter beim ersten Morgengrauen bestürmt werden und Schlag zwölf die Türen schließen. Wenn man es nicht schafft, bis zu diesem Zeitpunkt im Gebäudeinneren zu sein, bleibt einem nichts anderes übrig, als am nächsten Tag sein Glück erneut zu versuchen.

Das Ziehen einer Nummer am Eingang wird zum automatischen Handgriff. Danach gilt es, ein nettes Plätzchen zu finden und zu warten, bis man aufgerufen wird. Keinesfalls sollte man dem Impuls folgen, einen Kaffee holen zu gehen oder ein Nickerchen zu machen, denn dass einen jemand weckt, wenn die Nummer auf dem digitalen Bildschirm erscheint, ist völlig ausgeschlossen, und verpasst man den entscheidenden Moment, dann hat man eben Pech gehabt.

Ich lerne schnell, dass man an diesen Orten nur durch lautes Rufen, am besten auf Hebräisch, weiterkommt, dass man die Ellbogen einsetzt und vor allen Dingen die guten Manieren vergisst, die einem die Mutter eingetrichtert hat. Der israelische Beamte ist bekanntermaßen ungeduldig, laut und mürrisch. Privat kann er die Liebenswürdigkeit in Person sein, aber in der Öffentlichkeit: Fehlanzeige. Man muss an einer Bushaltestelle, in der Bank, auf der Post oder im Supermarkt Schlange gestanden haben, um den Sinn des Wortes «Chutzpah», das im Jiddischen so viel wie Dreistigkeit bedeutet, wirklich zu begreifen.

Der Durchschnittsisraeli würde einem ganz ungeniert auf die Füße treten, um sich beim Anstehen vorzudrängeln, wäre aber der Erste, der einen einlädt, den Sabbat, Neujahr, Ostern, den Unabhängigkeitstag oder jedes andere Fest, an dem man unmöglich allein bleiben darf, mit ihm zu verbringen.

In Rekordzeit eigne ich mir die wichtigsten Verwaltungsbegriffe an:

Balagan: Tohuwabohu.

Savlanut: Geduld. Ein Fremdwort für Sabras, in Israel geborene Israelis.

Kombina: taktische List. Ein Mittel, mit dem man mehr oder weniger legal ans Ziel kommt.

Protektzia: gute Beziehungen.

Und vor allem «Ihye beseder»: Das wird schon.

Neben Acamol, dem in Israel hergestellten Paracetamol, ist die Wendung «Ihye beseder» die am häufigsten gebrauchte Medizin, die wirksamste Waffe in jeder Lebenslage, selbst in der aussichtslosesten. Du findest keine Arbeit? Das wird schon. Man hat dich bestohlen? Das wird schon. Saddam Hussein plant einen Raketenangriff? Das wird schon ...

Zum Glück gibt es Esther, die Französisch spricht. Bei ihr kann ich meine Wäsche waschen, bekomme Trost und kleine Aufmunterungen. Sie leiht mir Geschirr, Dinge für den Haushalt, ein paar Möbel, damit ich mich behelfsmäßig einrichten kann. Ihr Mann, ein Taxifahrer, bringt mich netterweise zu den Behörden, die vom Heim zu weit entfernt sind, um sie mit dem Bus zu erreichen.

In dieser Zeit besuchen mich auch meine Verwandten aus Jerusalem. Ayala, die Enkelin meiner Großtante Flor, ist Juwelierin und ihr Mann David ein Archäologe, der Kunstwerke für das Israelische Museum in Jerusalem restauriert, das weltweit zu den wichtigsten Kunst- und Archäologiemuseen zählt und die größte Zahl archäologischer Fundstücke aus dem Heiligen Land besitzt, darunter die berühmten Schriftrollen vom Toten Meer.

Ich habe meine Großcousinen das letzte Mal gesehen, als ich ein Teenager war und sie uns in Belgien besuchen kamen. Hier in Israel lerne ich sie als herzliche und hinreißende Menschen kennen, die mir helfen, mich hier immer wohler zu fühlen. Auch sie steuern allerhand zu meiner Einrichtung bei, so dass es bei mir endlich wohnlich wird.

Drei Tage nach meiner Ankunft entdecke ich unten am schwarzen Brett eine Stellenausschreibung: Eine Bürohilfe mit Englischkenntnissen wird gesucht. Warum nicht den Versuch wagen? Ich rufe an, sage, wer ich bin, und kann mich tatsächlich gleich am nächsten Tag vorstellen. Die Firma ist in Herzliya, einem Nachbarort von Ra'anana, benannt nach Theodor Herzl, dem Begründer des modernen Zionismus. Ich habe Glück. Wir sind uns auf Anhieb sympathisch, meine Fähigkeiten scheinen zu passen, und am Ende des Gesprächs stellt mich der Direktor prompt ein. So komme ich, kaum im Land, an meinen ersten Job, was mich glücklich und auch etwas stolz macht. Morgens besuche ich den Hebräischunterricht, der inzwischen begonnen hat, und am Nachmittag fahre ich mit dem Bus nach Herzliya und arbeite im Sekretariat einer Firma, die amerikanische Schusswaffen vertreibt.

Der Chef und seine Frau, die auch im Betrieb mitarbeitet, sind sehr liebenswürdig, und ich bekomme ein anständiges Gehalt, kann im Berufsleben Fuß fassen und muss meine Ersparnisse nicht anbrechen.

Sicherheit geht hier über alles. Schnell gewöhne ich mich an die Metalldetektoren und die permanenten Handtaschenkontrollen. Ich wundere mich nicht mehr, wenn man mich beim Betreten eines öffentlichen Gebäudes fragt, ob ich eine Waffe bei mir trage, und lerne wie alle andern, misstrauisch zu werden, wenn ich eine herrenlose Tasche oder verdächtige Gegenstände ausmache, die sich als potenzielle Bomben herausstellen können. Dagegen brauche ich eine Weile, bis ich den Sonntag als Werktag verinnerlicht habe. In Israel beginnt das Wochenende am Donnerstagabend und endet mit dem Sabbat Samstagnacht. Auch sind Weihnachten und Silvester ganz normale Tage. Und Hebräisch wird von rechts nach links gelesen ... Jede Menge Neuerungen auf einmal.

Nun lerne ich auch meine Mitbewohnerin Betsy kennen, eine zauberhafte Frau aus Argentinien, die mit ihrer betagten Mutter und dem halbwüchsigen Sohn hergekommen ist. Eigentlich wohnen die drei in Haifa, doch Betsy besucht unter der Woche den Hebräischunterricht hier im Haus und verbringt das Wochenende bei ihrer Familie im Norden. Ich arbeite oft am Wochenende, also sonntags, wie es von meinem Arbeitgeber gewünscht wird. So komme ich unverhofft an Geld, um mir ein Auto zu kaufen.

Der Führerschein

In Israel gehört man erst richtig dazu, wenn man im Besitz des Führerscheins ist, des israelischen Führerscheins, wohlgemerkt. Nachdem ich mit den öffentlichen Verkehrsmitteln Bekanntschaft gemacht habe, kommt bei mir schnell der Wunsch auf, mich auf effizientere Art fortzubewegen. Ich benötige neben dem Auto ebendiesen Führerschein. Mich erwartet die zweifellos ausgewachsenste Erfahrung in Sachen Bürokratie.

In der festen Annahme, meinen Führerschein anerkennen zu lassen, sei eine reine Formsache, habe ich vor meiner Abreise meine Augen beim Arzt untersuchen und mir zusätzlich zu meinem belgischen und meinem Schweizer Führerschein einen internationalen Führerschein ausstellen lassen. Nachdem ich mir drei Tage lang vergeblich die Finger wund gewählt habe, um die zuständige Abteilung im Verkehrsministerium zu erreichen, begebe ich mich kurzerhand persönlich zur Zulassungsstelle für die Region Tel Aviv, ausgerüstet mit meinen drei magischen Dokumenten und dem Attest des Augenarztes. Ich ziehe eine Nummer, warte vier Stunden und sinke immer mehr in mich zusammen. Die Frau am Schalter, die genauso zuvorkommend ist wie die Verwaltungsbeamtinnen vor ihr, klärt mich darüber auf, dass der Führerschein aus meinem Herkunftsland nur in den ersten drei Monaten nach meiner Alija gültig sei. Und das Beste: Für den israelischen Führerschein müsse ich eine praktische Fahrprüfung ablegen.

Ich kann noch so viel argumentieren, ihr meine Führerscheine und die ärztliche Bescheinigung unter die Nase halten – die Dame möchte davon nichts wissen. Schroff bleibt sie bei ihrer Aufforderung, mich mit dem Sehtest eines Optikers oder eines zugelassenen Augenarztes, einem ärztlichen Gesundheitsattest, dem Original und der Kopie meines ausländischen Führerscheins, dem Immigrantenausweis, meinem Identitätsausweis und meinem Pass sowie einem ordnungsgemäß ausgefüllten Antrag auf Umschreibung des Führerscheins wieder an Ort und Stelle einzufinden. Ich widerstehe der Versuchung, ihr den Vogel zu zeigen, und verlasse das Zimmer so gefasst wie möglich.

Man erzählt mir, dass im Zuge der großen Einwanderung von 1989, die auf die Öffnung des Eisernen Vorhangs folgte, massenhaft Leute mit gefälschten Papieren ins Land kamen: falschen Nachweisen ihrer jüdischen Zugehörigkeit, falschen Pässen und eben auch falschen Führerscheinen. Was sich danach Unschönes auf den Straßen abspielte, ließ die verantwortlichen Behörden hart durchgreifen. Fortan mussten alle Neuankömmlinge unabhängig von ihrem Herkunftsland eine Fahrprüfung mit einem Prüfer des Verkehrsministeriums ablegen und, auf dringendes Anraten, für ein kleines Vermögen Fahrstunden bei einer zugelassenen Fahrschule nehmen.

Ich könnte explodieren und verfluche jeden dieser Einwanderer und sämtliche Beamten obendrein. Ich habe nicht die geringste Lust, mich mit einem Fahrprüfer anzulegen. Außerdem wirkt der Fahrstil der Israelis sowieso nicht gerade vertrauenerweckend auf mich. Es ist kein Geheimnis, dass sich auf Israels Straßen allerlei Psychopathen tummeln, die rote Ampeln überfahren, andere schneiden, rechts überholen, einem die Vorfahrt nehmen und grundsätzlich vor

nichts zurückschrecken, um andere einzuschüchtern. Ganz
egal, wohin man fährt, der israelische Autofahrer ist darauf
programmiert, früher ankommen zu wollen, ungeachtet der
Verkehrsregeln und anderer Verkehrsteilnehmer. Wenn man
wider besseres Wissen anhält, um einen Fußgänger über die
Straße zu lassen, oder eine Hundertstelsekunde zu spät los-
fährt, sobald die Ampel auf Grün springt, prasseln alle nur
denkbaren Beleidigungen und Drohungen auf einen herab,
das Ganze begleitet von einem ohrenbetäubenden Hupkon-
zert und einem Lichtspiel der Scheinwerfer. Sicherheitsgurte
und Blinker sind überflüssig, Bremspedale nicht vorhanden,
Rückspiegel werden nur selten genutzt, die Beschilderung
gleicht einem Dschungel. Wenn der israelische Autofahrer
nicht gerade mit Schimpfen beschäftigt ist, telefoniert er,
schreibt SMS oder isst. Und Frauen am Steuer sind da keinen
Deut besser. Die Statistiken sprechen für sich: Jedes Jahr sterben in Israel mehr Menschen im Straßenverkehr als bei krie-
gerischen Auseinandersetzungen und durch Attentate zusammen.

Ich gebe mich geschlagen und schaue mich nach einer
Fahrschule um, da ich um die Prüfung nicht herumkommen
werde. Meine Fahrlehrerin Zeeva ist wundervoll, und sie
spricht Englisch. Wir vereinbaren, dass sie mich mit dem
Auto der Fahrschule am Wohnheim abholen wird. Am Tag X
setze ich mich angespannt ans Steuer, meine erste Fahrstunde
beginnt. Einen besseren Zeitpunkt hätten wir uns nicht aus-
suchen können: Es ist sieben Uhr abends, beste Feierabend-
verkehrszeit, die Straßen sind voll, und die Leute haben es
eilig, nach Hause zu kommen. Ich gebe mir alle Mühe, aber
nichts gelingt. Weil ich mich streng an die Verkehrsregeln
halte, werde ich zur Zielscheibe der Beschimpfungen unge-

haltener Autofahrer und verliere völlig den Kopf. Nach zehn Minuten macht Zeeva meinem Leiden ein Ende und bedeutet mir, rechts abzubiegen und das Auto in einer ruhigen Straße abzustellen.

Sie schaut mich an und schüttelt den Kopf: «Isabelle, so geht das nicht. Man merkt deinem Fahrstil sofort an, woher du kommst. Wenn du in diesem Land fahren willst, lass deine Gewohnheiten zu Hause. Halte nicht an, wenn alte Damen über die Straße oder Autos einparken möchten, sei nicht so zaghaft, und benutze um Himmels willen wie alle andern die Hupe.»

Nach fünfzig nicht enden wollenden Minuten in der israelischen Straßenhölle setzt mich Zeeva zu Hause ab und macht mir mit den altbekannten Worten Mut: «Mach dir keine Sorgen, *ihye beseder*, das wird schon …»

Den Tränen nahe, treffe ich auf Jacobo, meinen kolumbianischen Freund, der sich nach meinen Fortschritten am Steuer erkundigt.

Ich seufze: «Jacobo, das schaffe ich nie, die Leute hier fahren wie die Wahnsinnigen.»

Er lächelt: «Alles ist relativ. In Bogotá kann es passieren, dass dir einer die Knarre vor die Nase hält und dich abknallt, wenn er deinen Fahrstil nicht schätzt. Für dich ist das hier die Hölle, für uns Kolumbianer ist es das Paradies.»

Danke für diesen Hinweis, Jacobo, ich werde ihn nicht vergessen. Es stimmt, dass alles nur eine Frage des Blickwinkels ist. Vor allem hier in Israel.

Nach acht Fahrstunden findet Zeeva, dass ich den Gebrauch der Hupe ausreichend beherrsche, und meldet mich zur praktischen Prüfung an. Als der Tag gekommen ist, bin ich ein Nervenbündel. Mir ist bewusst, dass ich nur einmal wiederholen kann. Sollte ich ein zweites Mal durchfallen, müsste ich zusätzlich noch einmal die theoretische Prüfung ablegen und mindestens achtundzwanzig weitere Fahrstunden absolvieren, was mich eine Menge Zeit und Geld kosten würde. Der Prüfer ist nicht sehr gesprächig, doch das ist mir gleich, ich konzentriere mich ganz aufs Fahren. Ich habe das Glück, dass meine Prüfung um sechs Uhr morgens stattfindet. Zu dieser Uhrzeit sind die Straßen von Ra'anana wie ausgestorben. Der Prüfer lotst mich aus der Stadt in Richtung Tel Aviv, damit ich mich auf der Autobahn mit den anderen Verkehrsteilnehmern messen kann. Am Ende der Prüfung bin ich mir sicher, nichts falsch gemacht zu haben, und wende mich fragend zum Prüfer um. Zu meinem Erstaunen verweigert er mir eine Antwort, meint nur knapp: «Das Ergebnis erfahren Sie später», und schon ist er verschwunden.

Völlig baff rufe ich Zeeva an, die mir bestätigt, dass sie den Entscheid erst am Abend oder am nächsten Morgen erfahre. Es ist offenbar noch nicht lange her, dass einige aufbrausende Fahrschüler ihre Prüfer vermöbelten, nachdem sie erfahren hatten, dass sie nicht bestanden hätten. Verständlicherweise geht das Verkehrsministerium seither kein Risiko mehr ein und gibt die Prüfungsergebnisse erst später bekannt, und zwar ausschließlich den Fahrlehrern.

Abends ruft mich Zeeva an, ich habe bestanden. Halleluja! Jetzt brauche ich nur noch ein Auto.

Inzwischen ist es Winter geworden. Das Wetter ist kühl und regnerisch und viel rauer, als ich erwartet habe. Innerhalb der Betonwände des Zentrums ist es eisig kalt, Heizungen gibt es keine. Wie fast überall im Land funktionieren die Boiler mit Sonnenenergie, was bedeutet, dass wir kein

Warmwasser haben, wenn es regnet. Es bleibt mir nichts anderes übrig, als mir eine warme Decke und einen elektrischen Heizofen zu besorgen, der ununterbrochen läuft und vor dem Betsy und ich zusammengekauert unsere Abende verbringen. Noch nie habe ich so gefroren. Und dabei habe ich in der Schweiz noch alle warmen Kleider vor meiner Abreise weggegeben …

Jerusalem

Drei Monate im Eingliederungszentrum genügen. Ich habe
den Eindruck, hier meine Zeit zu verplempern, und möchte
nun endlich das wahre Leben in Israel kennenlernen. Mein
Hebräisch ist gut genug, damit ich mich im Alltag durch-
schlagen kann, aber für eine anspruchsvolle Stelle wird es nie
ausreichen. Also höre ich mit dem Hebräischunterricht am
Morgen auf und setze stattdessen auf die Sprachen, die ich
spreche, um möglichst in einer internationalen Firma unterzukommen. Ich beauftrage einen französischsprachigen Im-
mobilienmakler, mir in Tel Aviv eine Wohnung zu suchen,
und habe eine genaue Vorstellung davon, wie diese sein soll.

Nach den turbulenten ersten Monaten möchte ich nun
mehr vom Land sehen. David und Ayala laden mich nach Jerusalem ein. Meinen ersten Besuch in dieser symbolträchti-
gen, allseits begehrten, konfliktreichen Stadt werde ich nicht
vergessen. Ayala holt mich im Wohnzentrum ab, am späten
Nachmittag treffen wir in Jerusalem ein. Die letzten Sonnen-
strahlen tauchen die Stadt und ihre Mauern in ein intensives
Licht, so wie es im beliebten israelischen Lied «Jerusalem aus
Gold» besungen wird, das 1967, am Vorabend des Sechstage-
kriegs, entstand.

Von nun an nutze ich meine freien Wochenenden, um diesen heiligen Ort aufzusuchen, wo mich meine Verwandten
herumführen, ihren Freunden vorstellen, mir ihr persönliches Jerusalem zeigen. Was David, der Archäologe, erzählt,

fasziniert mich. Ich besuche die wichtigsten Stätten und Sehenswürdigkeiten, die Altstadt, den Ölberg, das Israelische Museum und die Gedenkstätte Yad Vashem, die an die Opfer des Holocaust, an die Widerstandskämpfer und auch an die nichtjüdischen «Gerechten unter den Völkern» erinnert, die im Krieg vielen Juden das Leben retteten.

Die Tage vor dem Jahrtausendwechsel verbringe ich in Jerusalem. David und Ayala möchten mich am Silvesterabend zu einem Festessen bei Freunden in der Nähe von Tel Aviv mitnehmen. Silvester ist kein jüdischer Feiertag, aber meine Verwandten kümmert das wenig. Sie sind nicht religiös und möchten wie viele andere Israelis das neue Jahrtausend mit einer großen Party begrüßen.

Der 31. Dezember 1999 fällt auf einen Freitag und somit auf den Beginn des Sabbats. Als wir am Abend mit dem Auto zu unserer Einladung fahren, sehen wir Gruppen von ultraorthodoxen Juden durch die Straßen hasten. Sie tragen weiße Strümpfe, Hüte und lange, schwarze Mäntel. Vollkommen unempfänglich für die ausgelassene Stimmung, die sie umgibt, kommen sie mir so weltfremd vor, dass ich ihnen zurufe: «Freunde, kommt auf die Erde zurück!» Dass ich später in ganz ähnlichen Kreisen verkehren würde, hätte ich mir zu diesem Zeitpunkt nicht im Traum vorstellen können.

Das Wesen Jerusalems erschließt sich mir erst nach mehreren Besuchen, doch dem Charme von Tel Aviv erliege ich auf der Stelle.

Obwohl die beiden Städte nur sechzig Kilometer voneinander entfernt liegen, könnten sie kaum unterschiedlicher sein. Gegenüber dem religiösen, zurückhaltenden, intellektuellen Jerusalem gibt sich das weltliche Tel Aviv offen, warmherzig, kunterbunt und entschieden der Zukunft zugewandt.

In diesem Gegensatz spiegelt sich in gewisser Weise die Besonderheit der israelischen Gesellschaft, in der Säkulare und Gläubige, Rechte und Linke, Aschkenasen und Sepharden, Sabras und Immigranten und natürlich auch Juden und Araber zusammenleben und gleichzeitig miteinander rivalisieren.

Nach einigen ergebnislosen Treffen zeigt mir der Makler ein Apartment, das in allen Punkten meinen Wünschen entspricht. Noch an Ort und Stelle unterschreibe ich den Mietvertrag. Die Wohnung ist geräumig und hell, sie hat hohe Decken und einen großen Balkon mit Blick über einen Innenhof mit Garten. Das Gebäude hat zwei Eingänge, einen zur Straße und zum Meer, den anderen im Untergeschoss zum Garten. Es liegt an der Hayarkon-Straße, die am Meer entlang von Süden nach Norden verläuft und von vornehmen Hotels sowie zahlreichen Botschaften gesäumt wird. Und es befindet sich direkt am Strand, unmittelbar gegenüber dem alten Hafen, der heute, schön herausgeputzt, mit seiner Holzpromenade, den Restaurants, Cafés, Clubs und Boutiquen zu den angesagtesten Adressen von Tel Aviv zählt.

Zwei Wochen später ziehe ich aus dem Eingliederungszentrum aus, der Abschied fällt mir leicht. Nur die Stromrechnung, die ich meinem elektrischen Ofen zu verdanken habe, lässt mich schlucken. Vermutlich werde ich Betsy und die anderen Immigranten, mit Ausnahme von Jacobo, nicht mehr wiedersehen. Jeder wird seinen eigenen Weg gehen.

Die Weiße Stadt

Nun bin ich ganz allein in Tel Aviv – und glücklich darüber. Tel Aviv bedeutet auf Hebräisch «Frühlingshügel». Eigentlich heißt die Stadt Tel-Aviv-Jaffa, weil der erste Stadtteil im Jahr 1909 in Jaffa auf Sanddünen errichtet wurde. Im Übrigen verbindet die Tayelet, die prächtig angelegte Strandpromenade, auf fünfzehn Kilometern Länge den Norden der Stadt, wo ich wohne, mit dem alten Hafen von Jaffa, der im Gegensatz zum Hafen von Tel Aviv noch immer in Betrieb ist. Das Zentrum von Tel Aviv wird «Weiße Stadt» genannt, eine Anspielung auf die vielen auffälligen Gebäude im Bauhausstil, mit ihren klaren, asymmetrischen Linien, den Rundbalkonen und Flachdächern, die einen formvollendeten Anblick bieten. Daneben gibt es Gebäude, deren Architektur von orientalischen, amerikanischen und mediterranen Einflüssen bestimmt ist, für jeden Geschmack ist etwas dabei.

Es ist Februar, der Winter neigt sich dem Ende zu. Ich nutze die milden Temperaturen, um dem Zauber dieser reizvollen Stadt auf den Grund zu gehen, die, zwischen Abend- und Morgenland, zwischen Tradition und höchster Modernität, vor Energie nur so sprudelt. Alles gefällt mir hier, die langen Alleen, die unzähligen Cafés, die Kunstgalerien und Dachterrassen, die Palmen, die Mosaiken und die Häuserwände, an denen Jasmin und Bougainvilleen herabwachsen. Von nun an ist das meine Stadt, hier bin ich zu Hause, um nichts in der Welt möchte ich woanders sein.

Ich spaziere umher, stecke meine Nase überall hinein, nehme Farben und Düfte auf, fühle mich wie ein Fisch im Wasser. Ich richte mich schön ein, kaufe Möbel, einen Fernseher, eine Waschmaschine und alles, was das Leben annehmlich macht. Den Kühlschrank fülle ich mit Lebensmitteln vom Shuk Ha'Carmel, dem farbenfrohen Carmel-Markt, dem größten der Stadt. Seine Händler und Gemüsebauern sind für ihre Schlagfertigkeit bekannt, und man findet dort einfach alles, Kunsthandwerk, Kleider, Schuhe, Kosmetikprodukte, Küchenzubehör, Obst und Gemüse, Fisch, Blumen – noch dazu unglaublich frisch und zu einem unschlagbaren Preis. Es riecht nach Koriander und Kreuzkümmel, und der Granatapfelsaft, der dort ausgeschenkt wird, ist eine Köstlichkeit.

Wenn ich unterwegs bin, esse ich häufig Hummus, Kichererbsenpüree, das im ganzen Nahen Osten beliebt und aus der israelischen Küche nicht mehr wegzudenken ist. In den Hummusias serviert man es mit Pita, dem orientalischen Fladenbrot, mit Sesampaste, Olivenöl, Zitronensaft, zerdrücktem Knoblauch, Pinienkernen und manchmal auch mit einem hartgekochten Ei und Bohnen. Es schmeckt wunderbar, ist nahrhaft und sehr günstig. Da jede Bevölkerungsgruppe Eigenes beisteuert, habe ich bei den vielen kulinarischen Spezialitäten, die an Gewürzen und Düften so verschieden sind wie ihre Herkunftsländer, die Qual der Wahl. Die Auswahl an Obst und Gemüse ist beeindruckend. Neben Avocados, Oliven, Trauben, Zitrusfrüchten, Granatäpfeln, Feigen, Datteln und Kakis gibt es noch etliche andere Früchte und Gemüsesorten, deren Namen ich nicht einmal kenne.

Wenn ich nicht zu Fuß gehe, nehme ich ein Sherut, eine Art Taxibus. Man bezahlt wenig, kann überall zu- und aussteigen und zu jeder Tageszeit, an jedem Tag des Jahres damit fahren, außer an Jom Kippur. Mit seinen Sitzplätzen und der Klimaanlage ist es das ideale Transportmittel für die Stadt, vorausgesetzt, man ist kein Hasenfuß, denn die Chauffeure pflegen den landesüblichen Fahrstil.

Wann immer sich die Gelegenheit bietet, besuche ich meine zauberhafte Großtante Flor. Sie genießt es, mich zu bekochen und mit ihrem charmanten Antwerpener Akzent Französisch mit mir zu sprechen. Ihr Mann war einer der zahlreichen Brüder meines Großvaters väterlicherseits, desjenigen mit den Diamanten im Reissack. Mit neunzig Jahren ist sie geistig noch hellwach und erzählt mir allerhand spannende Geschichten über ihre Ankunft in Israel Anfang der dreißiger Jahre, über das harte Leben, das sie als Pioniere damals hatten, und über die Zeit bis zur Staatsgründung, als Tel Aviv weitgehend noch aus Sanddünen bestand.

Tagsüber setze ich mich oft in den nahen Park des Hilton-Hotels, den sogenannten Unabhängigkeitspark. Er liegt auf einem Felsvorsprung direkt über dem Meer. Von dort aus kann ich den Blick ungehindert bis zum Horizont schweifen lassen, und mir kommen vor Freude die Tränen, wenn ich das Glitzern des Wassers, die Bucht von Jaffa und die Skyline von Tel Aviv vor mir betrachte. Alles fühlt sich ganz ruhig und gelassen an.

Die glücklichen Momente, die ich bei meinen Erkundungstouren erlebe, lassen mich jedoch nicht mein oberstes Ziel aus den Augen verlieren: eine neue Arbeit. Ich schicke meine Bewerbungsunterlagen an mehrere Stellenvermittlungsbüros, und schon eine Woche später lande ich einen Treffer. Ein Hightechunternehmen, auf die Entwicklung von Finanzlösungen für den Schweizer Markt spezialisiert, stellt mich ein. Und sogar der Arbeitsort, Herzliya, ist mir vertraut. Diesmal befindet er sich in Meeresnähe, in Herzliya Pituach, einem Viertel, wo sich allerlei Firmen des Hightechsektors niedergelassen haben. Die Branche boomt, und die Arbeitgeber lassen sich alles Mögliche einfallen, um die besten Leute zu bekommen und zu halten: kostenlose Parkplätze, Essensgutscheine, Bonuswochenenden, Prämien – nichts ist für den verwöhnten Angestellten gut genug. Als Sahnehäubchen bezahlt mir die Firma sogar einen Hebräischlehrer, der mir zweimal die Woche bei mir zu Hause Privatstunden erteilt.

Wenig später kaufe ich mir einen nagelneuen und, dank meiner Privilegien, steuerfreien japanischen Wagen. In nur fünf Monaten habe ich es zu einer Wohnung, einem Auto und einem Job gebracht. Meine Alija ist eine einzige Erfolgsgeschichte, selbst meine Verwandten staunen. Ich bin selig. Hierher zu kommen war das Beste, was ich tun konnte.

Nur in Israel

Ich habe meinen Platz gefunden. Meine freie Zeit erlaubt es mir, mich nach Lust und Laune mit Land und Leuten meiner neuen Heimat auseinanderzusetzen.

Seit 1930 gab es in Israel drei große Einwanderungswellen: Zuerst kamen die aschkenasischen Juden aus Mittel- und Osteuropa, dann die Sepharden, ursprünglich Juden der Iberischen Halbinsel, und zuletzt die Juden aus der ehemaligen Sowjetunion und aus Äthiopien. Das ergibt zusammen etwas mehr als sieben Millionen Einwohner – Einheimische und Zugezogene aus über dreißig Ländern. Die verschiedenen Ethnien, Religionen und Kulturen sowie die sozialen Unterschiede machen Israel zu einem Land mit einer ausgesprochen heterogenen, konfliktanfälligen Gesellschaft. Daher die Wendung «rak be Israel», nur in Israel. Wie schon ein bekannter israelischer Satiriker feststellte, ist Israel das einzige Land, das in den Regenmonaten Wasser auf Tankschiffen einführen lässt, wo Arbeitslose streiken oder Mütter die Mobiltelefonnummer des Feldwebels ihres Sohnes kennen. Es ist auch das einzige Land, in dem man in zehn Minuten Software zum Starten eines Raumschiffs erstehen kann, während man eine Woche darauf wartet, dass die Waschmaschine repariert wird.

Im Gegensatz zu Europa, wo man sich bei den Themen Politik und Religion eher zurückhält, äußert man sich in Israel bereitwillig und an den unmöglichsten Orten dazu. Selbst am Strand hat man den Eindruck, jeder fühle sich persönlich dazu aufgerufen, die Probleme des Landes zu lösen. Und von diesen gibt es genug, von Sicherheitsfragen über wirtschaftliche Schwierigkeiten bis zu sozialen Konflikten.

Die Bekanntschaft mit den Djukim, einem anderen festen Bestandteil des Lebens hier, verläuft weitaus weniger lustig. Die Djukim haben nichts mit den kleinen Schaben zu tun, die in europäischen Küchen umherwuseln und mit ihren Fühlerchen zaghaft umhertasten. In Israel sind diese Insekten fliegende schwarze Monster mit unzerstörbarem Panzer. Die einzige Möglichkeit, sie zumindest vorübergehend loszuwerden, ist, den Kammerjäger zu bestellen, was ich auch tue, nachdem ich mutig, aber erfolglos versucht habe, den Eindringlingen mit Insektenspray den Garaus zu machen. In seinem Ganzkörperanzug ähnelt der Schädlingsbekämpfer einem Astronaut, seine Gasmaske und die Flasche mit Insektenvertilgungsmittel auf dem Rücken, die aussieht wie ein Granatwerfer, tun ihr Übriges. Nachdem er meine Wohnung eingeräuchert hat, ist sie vierundzwanzig Stunden nicht mehr bewohnbar, und ich muss ins Hotel. Bei meiner Rückkehr ist der Boden mit toten Küchenschaben übersät, die ihre Beinchen in die Luft strecken – ein nicht sehr erbaulicher Anblick. Willkommen in Israel!

Die unvermeidlichen Schikanen der Behörden gehen indes weiter. Sobald ich mit einer öffentlichen Dienststelle oder der Stadtverwaltung zu tun habe, kommt es zu Reibereien mit den nach meinem Geschmack etwas übereifrigen Beamten. Ich habe dazugelernt und weiß mich zu wehren. Meine Verwandten amüsieren sich köstlich, ich bin auf dem besten

Weg, eine echte Israelin zu werden. Trotz allem lasse ich mich bei der Schweizer Botschaft, die nur einen Katzensprung von mir entfernt liegt, registrieren, wie es das Departement für auswärtige Angelegenheiten allen im Ausland lebenden Schweizern empfiehlt. Ich bin vorsichtig. Man weiß nie.

Großer Spaß und bitterer Ernst

Im Mai 2000 zieht Israel seine Truppen aus dem Südlibanon zurück. Ministerpräsident Ehud Barak bekräftigt mit diesem Schritt erneut seinen Wunsch nach Frieden und stellt eine Einigung mit Syrien in Aussicht.

Anfang des Sommers, zur schönsten Jahreszeit, kommen nacheinander meine Eltern, meine Schwester und Karine, meine Sandkastenfreundin, zu Besuch. Auch meine Cousine aus Belgien, mit der ich in Eilat war, wo alles seinen Anfang nahm, verbringt einige Tage bei mir. Meine Eltern sind beruhigt, als sie sehen, wie wohl ich mich in der neuen Umgebung fühle.

Da mir noch Ferientage zustehen, begleite ich meine Schwester und meine zwei Nichten auf ihren Ausflügen durchs Land und entdecke mir bislang unbekannte Orte, Städte und Dörfer. Ich erfahre mehr über die Topografie und über Fauna und Flora dieses winzigen Landes, das auf einer Fläche von weniger als zwanzigtausend Quadratkilometern Meer, Gebirge, Ebenen und Wüsten vereint. Wir fahren ans Tote Meer und zur Festung von Masada, zum See Genezareth und in den Norden, wo meine Großcousine Daniela, die Schwester von Ayala, mit ihrer Familie bei Akkon, in der Nähe von Haifa, in einem Kibbuz lebt. Als meine Besucher wieder weg sind, fühle ich mich etwas allein.

An einem Morgen im Juli habe ich einen Zahnarzttermin. Die Sprechstundenhilfe am Empfang ist mir sofort sympathisch. Sie hat Humor, sprüht vor Energie und hat zudem wunderschönes Haar. Virginie, oder Vivi, schließt gerade ihr Studium an der Universität von Tel Aviv ab und arbeitet in der Praxis, um über die Runden zu kommen. Sie wurde in Frankreich geboren und wuchs in Israel auf – wir sind sofort auf einer Wellenlänge. Als ich ihr erzähle, dass ich neu im Land bin und allein in Tel Aviv lebe, nimmt sie mich sofort unter ihre Fittiche, und wir verabreden uns für den nächsten Abend in einem ihrer Lieblingsrestaurants. Vivi kennt die Stadt wie ihre Westentasche. Sie nimmt mich überallhin mit und stellt mich ihren französisch sprechenden Freunden Karinette, Myriam, genannt Mimi, David und Daniel vor. Sie werden bald auch zu meinen Freunden.

Nicht umsonst nennt man Tel Aviv die Stadt, die nie zur Ruhe kommt. Die Ausgehmöglichkeiten und das kulturelle Angebot sind nahezu grenzenlos. In Tourismusbroschüren wird Jerusalem oft als die politische Hauptstadt, Haifa als die führende Industrieregion und Tel Aviv als das kulturelle Zentrum des Landes beschrieben. Obwohl das natürlich stark vereinfacht ist, kommt es der Realität doch recht nahe. Überall in Tel Aviv wird gefeiert, am Strand, in den schicken Straßencafés, in Clubs und Szenebars, in Open-Air-Discos am Hafen und den schönen Hinterhöfen der Restaurants von Neve Tzedek, dem hippen Künstlerviertel im Süden bei Jaffa. Besonders liebe ich es, die Sonnenuntergänge von der Strandpromenade aus zu betrachten. Mit ihren Cocktailbars verwandelt sich diese im Sommer zu einer kilometerlangen Lounge und zum Tummelplatz für Spaziergänger, Fahrradfahrer, Schachspieler, allerlei Akrobaten und, dank der neuen Einwanderer aus Kuba, auch der Salsatänzer.

Wir vier Frauen werden schnell unzertrennlich. Nach der

Arbeit treffen wir uns in den Cafés der herausgeputzten Avenue Rothschild und schnattern bis tief in die Nacht. Am Wochenende gehen wir baden. Strände gibt es in Tel Aviv für jede Vorliebe und jedes Publikum: den Strand der Wassersportler und Surfer, der aufgrund der Touristen und französischsprachigen Einwohner auch «Franzosenstrand» genannt wird, den Familienstrand und natürlich den Hippiestrand, wo man mit Reggaemusik und Trommeln beschallt wird. Man spielt Backgammon und Federball, isst Melone und geröstete Sonnenblumenkerne, spricht, logischerweise, über Politik, und die Frauen betreiben mit unermüdlicher Ausdauer den beliebtesten Strandsport: das «beach dating», das darin besteht, sich die richtige Abendbegleitung zu angeln. Nach einem Strandtag gehen wir essen und mischen uns unters Nachtvolk. Wir tanzen bis zum Morgen, sehen uns in Jaffa den Sonnenaufgang über dem Hafen an, essen an einem arabischen Imbissstand Hummus oder Burekas, gefüllte Blätterteigtaschen, und trinken frisch gepressten Zitronensaft mit Minze. Erst dann gehe ich schlafen.

Beim Flirten habe ich leichtes Spiel. Ich bin blond, Europäerin und Single, was zusammengenommen eine besondere Anziehung auf den israelischen Mann auszuüben scheint. Die Art des Flirtens passt irgendwie zum Image des Landes: Sie ist direkt und ohne Umschweife, aber letztlich sehr einnehmend. Natürlich ist mein Hebräisch noch holprig, doch die meisten Israelis sprechen Englisch, so kommt man leicht ins Gespräch. Die Anwärter stehen Schlange, ich lasse nichts anbrennen und amüsiere mich prächtig.

Die ausgelassene Stimmung hält nicht ewig an. Am 28. September 2000 besucht Ariel Scharon, der damalige Oppositionsführer, unter strengen Sicherheitsvorkehrungen den Tempelberg in Jerusalem. Sowohl für Juden als auch für Araber, die ihn die Esplanade der Moscheen nennen, ist dieser Ort heilig. Für die Palästinenser und die anderen arabischen Einwohner Israels stellt der Besuch Scharons eine Provokation dar. Unruhen sind die Folge, sieben Palästinenser sterben. Das Ereignis löst die zweite Intifada aus, die der Region die heftigsten Auseinandersetzungen seit den Osloer Friedensverhandlungen von 1993 bringen wird. Überall steigt die Anspannung, Selbstmordattentate auf die israelische Zivilbevölkerung nehmen im ganzen Land zu. Die Spirale der Gewalt ist in Gang gesetzt und wird sich noch lange drehen. Trotz allem feiern wir in der Familie bei Tante Flor den Neujahrsbeginn Rosch ha-Schana. Ayala und David, die schon anderes erlebt haben, bleiben gelassen.

Einige Monate später platzt die israelische Hightechblase, eine schwere Wirtschaftskrise ist die Folge. Ich verliere meine Stelle. Im Dezember 2000 tritt Ministerpräsident Ehud Barak von allen seinen Ämtern zurück und verkündet Neuwahlen. Trotz dieser politisch wie wirtschaftlich unsicheren Zeit ist das Glück wieder auf meiner Seite, und ich finde eine neue Arbeit. Der internationale Konzern, bei dem ich in der Schweiz angestellt war, hat in Tel Aviv eine Niederlassung eröffnet und sucht eine Mitarbeiterin. Da ich dem Stellenprofil genau entspreche, kann ich Anfang 2001 meine neue Tätigkeit aufnehmen. Das Büro befindet sich im Zentrum von Tel Aviv, direkt gegenüber dem Hauptquartier der Armee in einem der großen Azrieli-Türme, die die Stadt überragen und häufig mit dem World Trade Center verglichen werden. Als dieses im September 2001 bei den Anschlägen zerstört wird, höre ich die Leute halb scherzhaft, halb im Ernst sagen: «Alles in Ordnung, die Azrieli-Türme stehen ja noch.»

Mit jedem Tag wächst die Gewalt, und die Lage wird zunehmend unsicherer. Und doch mache ich mir nicht allzu viele Sorgen. Ich sage mir, dass ich jederzeit in die Schweiz zurückkehren kann, wenn die Dinge ganz aus dem Ruder laufen und der Terror Tel Aviv erfasst. In meinem Innersten weiß ich aber, dass ich dies nicht tun würde.

Shai

Im unbeschwerten Sommer des Jahres 2000 lerne ich durch einen Zufall meinen Nachbarn kennen. Meine Eltern sind zu Besuch, ihr Urlaub geht zu Ende. Am Tag vor ihrer Rückreise, als sie mit dem Taxi zum Flughafen fahren, um einzuchecken, merken sie, dass sie etwas in meiner Wohnung vergessen haben. Sie kehren um und stehen kurz darauf mit ihrem ganzen Gepäck vor verschlossenen Türen auf der Straße. Ich bin bei der Arbeit und wäre erst vierzig Minuten später zu Hause. In diesem Moment kommt mein Nachbar vorbei und fragt meine Eltern, ob er ihnen helfen könne. Er bittet meine Mutter in seine Wohnung und kocht Tee für sie, während mein Vater zu Tante Flor eilt, die einen Zweitschlüssel für meine Wohnung besitzt. Der Nachbar heißt Shai, was auf Hebräisch «Geschenk» bedeutet.

Das «Geschenk» sieht nicht schlecht aus. Ich kenne ihn vom Sehen, er bewohnt mit seinem Bruder das Apartment im Erdgeschoss, das zum Garten hinausgeht, und ist immer auf Inlineskates unterwegs. Wir haben noch nie miteinander gesprochen und uns allenfalls im Vorbeigehen gegrüßt. Abends beim Essen hört meine Mutter nicht auf, von dem netten Nachbarn zu schwärmen. Er habe an einer Eliteuniversität Sport studiert, sei Lehrer in einer Tel Aviver Schule und arbeite nebenbei als Model für Werbekampagnen. In seiner freien Zeit sei er Schauspieler und habe eine Nebenrolle in der israelischen Kultserie *Inyan Shel Zman* (Eine Frage der

Zeit). Am nächsten Tag, nachdem ich meine Eltern zum Flughafen gebracht habe, klopfe ich an Shais Tür, um mich mit einer Flasche Wein bei ihm zu bedanken. Diese ausgesprochen europäische Geste versteht er, der Sabra, nicht. Auf Englisch bedanke ich mich und reiche ihm den Wein.

«Ich trinke nicht», sagt er und weist die Flasche bestimmt zurück.

Ein hübscher Kerl, aber ohne Manieren.

Ich bleibe hartnäckig: «Schon gut, ich wollte mich nur dafür bedanken, dass du dich um meine Eltern gekümmert hast. Nimm ruhig, du kannst die Flasche auch weiterverschenken.»

Mehr passiert nicht. Wir verabschieden uns, für mich ist die Sache erledigt. In den darauffolgenden Monaten höre ich nichts mehr von ihm, und im Treppenhaus laufe ich nur seinem Bruder über den Weg.

Im Februar 2001 wird Ariel Scharon zum neuen Ministerpräsidenten gewählt und folgt damit auf den zurückgetretenen Ehud Barak. Er bildet eine Regierung der nationalen Einheit, indem er insbesondere die Ultraorthodoxen und die Arbeitspartei einbindet. Die Auseinandersetzungen zwischen Israelis und Palästinensern verschärfen sich, die Selbstmordattentate reißen nicht ab. Das oberste Ziel der neuen Regierung besteht darin, die Sicherheit im Land wiederherzustellen.

Zum Glück gefällt mir meine neue Arbeit. Ich übernehme einige interessante Projekte, die mich ganz beanspruchen. So denke ich an anderes und vergesse die angespannte Lage um mich herum. Im April 2001 lädt mich meine Firma zu einem kulturellen Event ein, bei dem, wie in der Nacht der Molières in Frankreich, die besten Theaterschaffenden ausgezeichnet werden. Just einige Tage vor der Preisverleihung begegne ich vor unserem Wohnhaus Shai auf seinen Inlineskates. Da ich weiß, dass mein Nachbar viel für die Schauspielkunst übrig hat, frage ich ihn, ob er mitkommen möchte. Er nimmt die Einladung an, und so kommt es, dass ich von ihm und meiner Großcousine Ayala zur Preisverleihung begleitet werde. Ayala ist von ihm genauso angetan wie ich: Shai ist charmant, zuvorkommend, lustig und überhaupt nicht so ungehobelt, wie er mir einige Monate zuvor erschien.

Wir sehen uns öfter. Shai stellt sich als großer Romantiker heraus und ist viel aufmerksamer als die Israelis, die ich bislang kennengelernt habe. Und er hat Idealismus. Ich mache ihn mit meinen Freunden bekannt, er stellt mich seinen vor. Er ist verliebt, ich bin verliebt – so fügt sich eins ins andere.

Eine unerwartete Hochzeit

Das Leben in Israel folgt dem Rhythmus der jüdischen Feste, die zugleich staatliche Feiertage sind. Der hebräische Kalender richtet sich sowohl nach dem Mondzyklus als auch nach den Jahreszeiten. Er ist der offizielle Kalender in Israel, während der gregorianische Kalender für alle weltlichen Belange verwendet wird.

Jedes Fest hat seinen eigenen Reiz und ist voller Symbole und Bedeutungen, Lag ba-Omer bildet da keine Ausnahme. Er wird am dreiunddreißigsten Tag der Omer-Zählung gefeiert. Omer, die Zeitspanne zwischen dem Auszug aus Ägypten und dem Empfang der Thora, war ursprünglich eine Zeit großer Freude. Im Talmud heißt es jedoch, dass im besagten Zeitraum 24 000 Schüler an einer rätselhaften Wunde starben, weil sie einander nicht genügend Achtung entgegenbrachten. Lag ba-Omer wird als der Tag gefeiert, an dem die tödliche Plage ein Ende fand. An diesem Datum jährt sich auch der Todestag von Rabbi Schimon ben Jochai, der als einer der Ersten die Thora nach mystischen Gesichtspunkten auslegte und lehrte. Er gilt als Autor des Zohar, des wichtigsten Buchs der Kabbala. An Lag ba-Omer wird häufig geheiratet, und überall im Land brennen riesige Freudenfeuer, an denen man sich mit der Familie oder mit Freunden zum Grillen zusammenfindet.

Im Mai 2001 bin ich an Lag ba-Omer bei meinen Freunden zum Barbecue eingeladen. Seit je hat dieses Fest für mich einen besonderen Stellenwert, denn an diesem Tag haben meine Eltern 1948 in New York geheiratet.

Shai hat jedoch andere Pläne. Er schlägt vor, nach Pki'in zu fahren, einem alten Dorf in Obergaliläa, wo Schimon ben Jochai den Zohar niedergeschrieben haben soll. Er erwähnt noch, dass wir bei seinem Freund Daoud, der zur Gemeinschaft der Drusen gehört, übernachten könnten. Da ich weiß, wie herrlich die Gegend dort ist, verzichte ich gern auf meine Grilleinladung.

«Nimm etwas Weißes zum Anziehen mit, das ist dort Sitte», meint Shai, als ich meine Tasche packe.

Ich habe keine weißen Kleider im Schrank, aber Shai besteht darauf. So erstehe ich, eine halbe Stunde bevor wir losfahren, in einer Boutique um die Ecke ein weites, nicht gerade elegantes weißes Baumwollshirt, das ich mit einem hübschen Gürtel kombiniere. Dazu trage ich hohe Pumps.

Die Strecke, die nach Pki'in führt, ist traumhaft schön. Galiläa ist eine reizvolle Gegend im Norden des Landes, mit Naturschutzgebieten, Seen, Tälern und zahlreichen archäologisch bedeutsamen Stätten, die sowohl von Juden als auch von Christen und Muslimen verehrt werden. Die Landschaft zwischen Nazareth und Akkon, zwischen Safed und Tiberias ist sehr abwechslungsreich und mit ihren Gebirgen, Flüssen wie dem legendären Jordan und dem Meer von Galiläa sowie dem See Genezareth voller Kontraste.

In Pki'in werden wir von Daoud und seiner Frau Wafa herzlich begrüßt. Shai und Daoud haben sich vor einigen Jahren bei einem Theatertreffen in Pki'in kennengelernt und angefreundet. Die beiden freuen sich über das Wiedersehen. Das Mittagessen ist köstlich, die Stimmung feierlich. Nach dem Essen, als mir Wafa mit Kardamon gewürzten Kaffee serviert, verschwindet Shai. Er kommt mit zwei Jugendfreunden zurück, die ich noch nicht kenne. Sie wohnen in der Nähe, er hat ihnen erzählt, dass wir kämen. Zu viert schauen wir uns die Umgebung an.

In Pki'in scheint die Zeit stehen geblieben zu sein. Die Natur rings umher ist von außerordentlicher Schönheit, Feigen- und Olivenbäumen prägen das Landschaftsbild. Schmale Wege schlängeln sich durchs Land und verbinden die traditionellen Häuser der Drusen, deren Dächer mit Weinreben bewachsen sind. Am Ende unseres Rundgangs kommen wir über einen steilen Pfad zu einem Felsvorsprung, der sich wie eine natürliche Terrasse über die Gegend erhebt und von wo aus man einen großartigen Blick auf die Berge hat. Ich verstauche mir die Knöchel, meine zwölf Zentimeter hohen Absätze sind für diesen Ort völlig ungeeignet. Shai kommt mir zu Hilfe. An der Hand führt er mich auf die andere Seite der Terrasse unter ein Wellblechdach. Dort, genau dem Tal gegenüber, steht ein weiß gedeckter Tisch, darauf Bücher auf Hebräisch, ein silberner Kelch mit Wein, ein Gebetsschal, der Tallit, sowie ein schlichter goldener Ring. Unsere beiden Begleiter treten zu uns unter die Überdachung und bleiben dicht hinter uns stehen. Sie sehen ernst aus. Shai lächelt mich an. Er bedeckt seine Schultern mit dem Gebetsschal, schlägt eines der Bücher auf und beginnt, laut zu lesen.

Inmitten dieser malerischen Landschaft versuche ich, in meinem auf gut Glück ausgewählten Kleid und auf den wackeligen Stöckelschuhen eine gute Figur zu machen. Die hebräischen Verse verstehe ich kaum, aber ich spüre, dass etwas Feierliches in der Luft liegt. Nach einigen Minuten kann ich mich ganz dem Zauber der Kulisse hingeben. Shai legt das Gebetsbuch auf den Tisch und benetzt seine Lippen mit dem Wein des Kelchs. Dann reicht er ihn an mich weiter, damit auch ich trinke. Er nimmt wieder das Buch in die Hand und liest eine Zeitlang leise. Schließlich greift er nach dem Ring und breitet über unseren Köpfen den auseinandergefalteten Gebetsschal aus. Er steckt mir den Ring an den Zeigefinger der rechten Hand und rezitiert auf Hebräisch: «Durch diesen Ring bist du mir geheiligt nach dem Gesetz Moses und Israels.»

Von Gefühlen überwältigt, umarme ich ihn. Lange liegen wir uns in den Armen, bis die beiden Freunde klatschen, Shai die Hand schütteln und «Masel tov – viel Glück!» rufen.

Ich zweifle keinen Augenblick daran, dass es sich hier um eine Verlobungsfeier handelt. Doch in Wirklichkeit hat Shai, ohne die geringste Andeutung zu machen, alles sorgfältig für eine jüdische Hochzeit arrangiert: die Chuppa, den Hochzeitsbaldachin, in Form des Blechdachs, die Trauzeugen, den Ring, die Wahl des Tages ... Gültigkeit hat eine jüdische Heirat auch dann, wenn sie nicht von einem Rabbiner vollzogen wird. Lediglich die Trauzeugen sind vorgeschrieben.

Ohne dass ich überhaupt begreife, was hier vor sich geht, und ohne dass Shai mich um meine Zustimmung ersucht hätte, bin ich nach jüdischem Recht seine Ehefrau geworden.

Ich nehme es ihm nicht übel, denn ich liebe ihn und betrachte das Ganze gar als den Akt eines großen Romantikers. Obwohl ich mir selbst noch nicht die Frage gestellt habe, ob ich mich in dieser Form an ihn binden möchte, hat er entschieden, dass wir zusammengehören. Hier hat sein Idealismus gesprochen, er ist sich seiner Sache sicher, und diese Selbstsicherheit imponiert mir.

Für den Abend haben Daoud und Wafa, die eingeweiht waren, ein Festmahl zubereitet. Die Gastfreundschaft der

Drusen ist weithin bekannt. Auf dem Tisch stehen typische Gerichte ihrer Küche, verschiedene Salate, Fleischspieße, aromatisches Olivenöl, warmes libanesisches Brot und Honigkuchen. Unsere Gastgeber, die selbst nicht trinken, haben sogar daran gedacht, uns eine Flasche vorzüglichen galiläischen Wein zu besorgen. Wir essen, trinken und feiern bis spät in die Nacht.

Terror in Tel Aviv

Alles schön und gut. Nur möchte ich eine echte, traditionelle Hochzeit, in einem richtigen weißen Brautkleid, mit Gästen, Musik, Blumen. Ich möchte, dass mich meine Eltern unter die Chuppa führen, und unsere Familien und Freunde sollen bei uns sein und sich mit uns freuen.

Schon am nächsten Tag, auf dem Rückweg nach Tel Aviv, teile ich Shai ganz unverblümt meinen Wunsch mit. «Du hast in aller Zurückgezogenheit in Galiläa und ohne Rabbi heiraten wollen, einverstanden, aber ich möchte, dass diese Verbindung offiziell bestätigt wird.»

«Ich traue den Rabbis nicht», ist seine Antwort.

Ich muss ihn dennoch überzeugt haben, denn als wir in Tel Aviv ankommen, wendet sich das Blatt.

«Na schön, wenn du unbedingt willst, sollst du deine große Hochzeit haben.»

Völlig außer mir, rufe ich vom Handy aus meine Eltern an. Auch sie freuen sich, vor allem meine Mutter, die nicht vergessen hat, wie aufmerksam Shai ihr gegenüber war. Wir vereinbaren, im darauffolgenden Monat in die Schweiz und nach Frankreich zu reisen, um die Familie und Freunde zu besuchen.

Kurz nach unserer Trauung in Galiläa stellt Shai mich auch seinen Eltern vor. Sie wissen selbstverständlich von mir, aber es kam noch zu keinem Treffen. Das Kennenlernen erfolgt getrennt, die beiden sind geschieden und reden schon seit Jahren nicht mehr miteinander. Avi, der Vater, ist der schweigsamste Mensch, dem ich jemals begegnet bin. Und auch ein Lächeln kommt nicht über seine Lippen. Seine Partnerin Ronit dagegen ist reizend. Shais Mutter, Maya, ist eine schillernde Persönlichkeit. Woran es Avi fehlt, hat sie in gewisser Hinsicht zu viel. Sie leitet in Tel Aviv ein Büro für Öffentlichkeitsarbeit und übernimmt kurzerhand bei den Hochzeitsvorbereitungen die Regie. Shai und ich finden, dass wir nun zusammenleben könnten, und so zieht er ein Stockwerk höher bei mir ein.

Am darauffolgenden Wochenende feiern wir bei uns zu Hause mit Freunden meinen Geburtstag, und tags darauf fahren wir für einige Tage nach Zypern.

Wieder zurück, geht es für Shai gleich weiter nach Sun City in Südafrika, er begleitet einen Freund auf einer lange geplanten Firmenreise. Die Aussicht, ohne mich zu sein, findet er nicht sehr erfreulich. Doch ich beruhige ihn, ich würde schon ohne ihn zurechtkommen. Zudem bieten mir die Vorbereitungen für die Hochzeit eine willkommene Abwechslung.

Die Realität holt mich unsanft ein. Am 1. Juli 2001 ereignet sich ein blutiges Selbstmordattentat am Eingang der Diskothek Dolphinarium. Einundzwanzig Jugendliche sterben, mehr als zwanzig Personen werden verletzt, und das nur wenige hundert Meter von meinem Apartment entfernt. Es ist Freitagabend, fast Mitternacht, die Diskotheken sind zum Bersten voll, Panik bricht aus. Die ganze Nacht über höre ich im Wohnzimmer die Sirenen der Krankenwagen. Wie so oft nach Terroranschlägen ist das Telefonnetz überlastet, eine Verbindung ins Ausland ist unmöglich. Irgendwann erreichen mich meine Eltern dann doch, sie machen sich große Sorgen. Auch Daoud, unser Freund aus Pki'in, ruft an, um zu erfahren, wie es mir geht.

Dieser Vorfall wühlt mich auf. Zum ersten Mal habe ich Angst. Meine sichere Insel Tel Aviv gibt es nicht mehr. Unter diesen Umständen fange ich an, mir Gedanken über unsere Zukunft in diesem Land zu machen.

Am nächsten Tag spende ich für ZAKA. Die israelische Hilfsorganisation ist weltweit tätig. Sie stellt Soforthilfe bereit und identifiziert Opfer von Terrorakten, Unfällen und Naturkatastrophen. Auch übernimmt sie es, die sterblichen Überreste der Opfer zu bergen, damit diese in Würde bestattet werden können, wie es der jüdische Glaube verlangt. Diese Menschen bei der Arbeit zu sehen, berührt mich tief. Auf Hebräisch verwendet man dafür den Ausdruck «chesed shel emet», die wahre Nächstenliebe, da sie jemandem entgegengebracht wird, von dem keine Gegenleistung zu erwarten ist.

Shai kommt wenig später gut gelaunt von seiner Reise zurück, den Kopf noch voller südafrikanischer Klänge. Ich habe andere Bilder im Kopf.

«Versprich mir, dass du mich nie mehr allein lassen wirst», fordere ich. «Versprich es mir!»

Er verspricht es. Doch er wird sich nicht daran halten.

Als unmittelbare Folge des Anschlags auf das Dolphinarium ordnet die Regierung von Ariel Scharon den Bau einer Sicherheitsmauer zwischen Israel und dem Westjordanland an.

Das Leben in Tel Aviv geht indes bald wieder seinen gewohnten Gang, doch die Anspannung bleibt. Armee und Polizei sind im Dauereinsatz, die Sicherheitskontrollen an öffentlichen Plätzen verschärfen sich, viele Kaufhäuser und Restaurants heuern private Sicherheitsdienste an. Die israelische Gesellschaft hat jedoch, wie es ein Politiker einmal treffend formulierte, gelernt, Antikörper zu bilden, um sich selbst, um das eigene Leben zu schützen. Immer weitermachen, bloß nicht dem Terror nachgeben. Das lebhafte Tel Aviv verkörpert geradezu diesen Geist des Widerstands. Schon bald sind die Einkaufszentren, Restaurants, Clubs und Strände bei Tag und bei Nacht wieder voller Menschen, als ob nichts geschehen wäre.

Hochzeit Nummer zwei

Dann reisen wir nach Europa. Für mich ist es der erste Besuch in der Schweiz seit meinem Abschied vor fast zwei Jahren. Nun bin ich an der Reihe, für Shai die Fremdenführerin zu spielen. Wir besichtigen Lausanne, Genf, die Schweizer Alpen, fahren über die Grenze nach Frankreich. Meine Freunde nehmen uns begeistert bei sich auf und lassen es uns an nichts fehlen. Es macht mir Spaß, allen meinen gutaussehenden und charmanten Bräutigam zu präsentieren. Shai zeigt sich gewohnt offen, gesellig und neugierig auf alles und jeden. In Annecy bei meinen Eltern kaufe ich Schuhe und ein schlichtes, elegantes, elfenbeinfarbenes Brautkleid. Shai schenke ich ein Paar neue Inliner, mir kaufe ich die gleichen, damit wir zusammen skaten können.

Unser Aufenthalt in der alten Heimat verläuft ausgesprochen angenehm. Bis auf einen kleinen Vorfall: Als wir einmal mit Freunden zusammensitzen, sagt Shai plötzlich auf Englisch und mit der typisch israelischen Direktheit, dass er das Französische, die französische Sprache hasse.

Ich scherze: «Dabei ist es die Sprache der Liebe.»

«Ich mag die Sprache nicht, sie tut mir in den Ohren weh», erwidert er.

«Dein Pech», sage ich. «Dann spare ich mir diese Sprache für meine Familie und meine Freunde auf. Keiner zwingt dich, sie zu lernen.»

Da wir untereinander Englisch reden und mein Hebräisch

mittlerweile ganz ordentlich ist, vergesse ich die Sache schnell wieder.

In Tel Aviv steht alles im Zeichen der Hochzeitsvorbereitungen, die, wie zu befürchten war, eine echte Herausforderung sind. Da die Heirat in Israel jüdischem Recht unterliegt, beginnt der Hochzeitsmarathon mit dem Gang zum Rabbinat, wo wir eine Anmeldeakte eröffnen. Mit Erleichterung stelle ich fest, dass dafür größtenteils dieselben Dokumente vonnöten sind wie für die Einreise nach Israel. Wir gewinnen wertvolle Zeit. Anschließend geht es zum Rabbiner. Er prüft, ob wir alle Voraussetzungen für eine jüdische Heirat erfüllen. Shai und ich kommen überein, die Trauzeremonie in Pki'in besser für uns zu behalten, um die Sache nicht noch komplizierter zu machen. Nun gilt es, ein Datum zu finden. Dabei ist zu berücksichtigen, dass an Sabbat, den meisten religiösen Festen und in der Fasten- sowie der Trauerzeit nicht geheiratet werden darf. Und dann braucht es noch die Trauzeugen, wie wir bereits wissen. Diesmal wird der eine Trauzeuge der Sohn des Rabbis sein, der andere ein alter Freund meiner Mutter, der wie sie während des Kriegs in Kuba lebte und anschließend nach Israel zog.

Nun stehen die obligatorischen Hochzeitsvorbereitungskurse an. Shai absolviert seinen Kurs mit dem Rabbi, ich werde von einer verheirateten und vom Rabbinat für diese Aufgabe befugten Frau unterrichtet. In diesen Kursen lernen wir, in welchem Verhältnis Ehe und Religion zueinander stehen, wie man Sitten und Bräuche respektiert, Kinder erzieht und die jüdischen Feiertage einhält.

Am Tag vor der Hochzeit werde ich zusammen mit den weiblichen Gästen die Mikwe, das rituelle Bad, besuchen, um mich vorschriftsgemäß zu reinigen. Die Bescheinigung, die mir dort ausgestellt wird, ist für die Trauung unerlässlich. Nichtpraktizierende Jüdinnen gehen genau einmal in ihrem Leben in die Mikwe, nämlich vor ihrer Hochzeit. Für mich wird es der erste Kontakt mit den jüdischen Reinheitsgeboten sein, die ich später noch in aller Ausführlichkeit kennenlernen werde.

Wir legen die Hochzeit auf den 26. Oktober 2001, einen Freitag. Da Heiraten am Samstag nicht erlaubt ist, wird häufig am Freitag während des Tages gefeiert. Maya, meine zukünftige Schwiegermutter, die Gott und die Welt kennt, organisiert das Catering und findet einen Festsaal in einem kleinen Landsitz, einem märchenhaften Ort einige Kilometer nördlich von Tel Aviv. Wir verschicken Einladungen, wählen den Fotografen, die Musik und die Blumen aus, bestimmen meine Frisur und Shais Anzug. Ohne mich zu fragen, hat Maya einen bekannten israelischen Designer gebeten, mir ein Brautkleid aus cremefarbenem Satin zu leihen, das einer Prinzessin würdig wäre, dazu Handschuhe, einen Schleier und eine drei Meter lange Schleppe. Ich möchte niemanden verletzen und lasse das hübsche Kleid, das ich in Frankreich mit meiner Mutter ausgesucht habe, schweren Herzens im Schrank verschwinden. Die Vorbereitungen laufen derweil weiter auf Hochtouren.

Am 11. September 2001, als die Türme des World Trade Center in New York einstürzen, bin ich bei der Arbeit, im zwanzigsten Stock unseres Büroturms. Die Panik, die die ganze Welt erfasst, macht auch mich unsicher. Ich überlege mir ernsthaft, ob die Hochzeit überhaupt stattfinden kann, falls die Gäste unter diesen Umständen nicht mehr fliegen wollen.

Am Tag der Hochzeit sind sie dann doch alle da, dreihundert Gäste aus der Schweiz, Belgien, Frankreich und ganz Israel. Auf die allgemeine Begrüßung folgt der große Augenblick: Feierliche Musik erklingt, der Rabbi bittet Shai und mich, mit unseren Familien unter die Chuppa zu treten, zuerst der Bräutigam, dann die Braut. An der Seite meiner Eltern schreite ich nach vorne. Mein Hals ist wie zugeschnürt, es ist ein bewegender Moment. Diese Hochzeit ist der strahlende Höhepunkt meiner Alija, der Ausgleich für das Unglück, das schwere Schicksal, das mir bereits einen Ehemann genommen hat. Einige Meter vor der Chuppa bleibe ich stehen. Shai befestigt den Schleier vor meinem Gesicht, eine symbolische Aufforderung an den Mann, die Frau zu kleiden und zu beschützen, und zugleich eine Reminiszenz an Rebekka, die ihr Gesicht verschleierte, bevor sie Isaak zum Mann nahm. Unter der Chuppa umrunde ich Shai sieben Mal. In sieben Tagen wurde die Welt erschaffen, und ich erschaffe in diesem Sinn die Mauern meines neuen Heims. Dann stelle ich mich an die rechte Seite meines zukünftigen Gatten.

Der Rabbi gießt Wein in ein Glas, aus dem wir beide trinken. Anschließend steckt mir Shai, wie schon in Pki'in, doch diesmal vor versammelter Gesellschaft, einen goldenen Ring an den Zeigefinger meiner rechten Hand und spricht dabei den Satz, der mich an ihn bindet. Nun verliest der Rabbi in der aramäischen Originalsprache die Ketubba, den jüdischen Ehevertrag, in dem die Pflichten des Ehemanns gegenüber seiner Frau festgehalten sind und den Shai und die zwei Trauzeugen unterzeichnet haben. Nach jüdischem Recht obliegen dem Mann drei Aufgaben: Er muss seine Frau ernähren, sie kleiden und auf die Bedürfnisse ihres Seelenlebens eingehen.

Über einem zweiten Glas Wein rezitiert der Rabbi dann

74

die sieben Segnungen, in denen das Verhältnis zwischen den Eheleuten und dem Ewigen sowie die Freude, die einer Heirat innewohnt, zum Ausdruck kommen. Nachdem wir erneut vom Wein getrunken haben, beendet Shai die religiöse Zeremonie, indem er mit dem rechten Fuß ein Glas zertritt und so auf die Zerstörung des Tempels in Jerusalem und die Unbeständigkeit der menschlichen Beziehungen anspielt. Einen Moment lang ist es ganz still, bevor alle «Masel tov!» rufen und nach vorne eilen, um uns die Hand zu schütteln. Das Fest kann beginnen.

Meine Schwiegermutter hat zur Hochzeitsfeier zahlreiche israelische Persönlichkeiten aus ihrem Bekanntenkreis eingeladen – Künstler, Sänger und Schlagzeuger, die diesen ganz besonderen Tag zu einem unvergesslichen Ereignis machen. Während des Essens wird gesungen und getanzt, die Gäste kennen trotz ihrer unterschiedlichen Herkunft keine Berührungsängste, es ist ein ausgelassenes und fröhliches Fest.

Der Tag geht schon zu Ende, als ich meine Singlefreundinnen zusammentrommle und einen Toast ausbringe: «Ich wünsche euch allen ein langes Leben, Liebe, Glück und … einen Mann, wie ich ihn habe!»

Sie klatschen in die Hände und lassen mich hochleben. Jahre danach werden sie sich an diesen mit so viel Bestimmtheit ausgesprochenen Wunsch zurückerinnern.

Die Hochzeitsnacht verbringen wir in einer Suite in Tel Aviv mit Blick aufs Meer.

Am nächsten Morgen necke ich Shai: «So schlimm sind sie doch gar nicht, die Rabbis.» Ein Satz, der mir später nicht mehr so leicht über die Lippen gekommen wäre.

Ein paar jüdische Traditionen

Unser Leben zu zweit steht Ende 2001 unter einem guten Stern. Shai arbeitet als Sportlehrer an einer Schule, ich habe eine spannende Tätigkeit in einem internationalen Konzern. Wir gehen oft ins Kino, besuchen Konzerte, essen auswärts und lassen uns von der allgemeinen Feierlaune in Tel Aviv anstecken. Fast jeden Abend fahren wir auf der Strandpromenade oder im nahen Jarkon-Park mit unseren Inlinern. Daneben begeistert sich Shai auch für Kampfsport und macht Breakdance. Manchmal sitzen wir auch einfach nur am Strand und betrachten den Sonnenuntergang, oder wir besuchen meine alte Tante Flor, die sich immer freut, uns zu sehen. Wenn ich Zeit habe, koche ich europäische Gerichte und lade Freunde ein.

Am Wochenende gehe ich weiterhin mit meinen Freundinnen an den Strand. Wenn Shai nicht mitkommt, trifft er sich mit seinem Freund Tomer. Tomer ist querschnittgelähmt, was Shai jedoch nie daran gehindert hat, ihn wie jeden anderen zu behandeln und sogar zu Extremsportarten zu ermutigen. Sie gehen zusammen schwimmen und Fallschirm- oder Bungeespringen. Tomer, der trotz seiner Behinderung den Freuden des Lebens nicht abgeneigt ist, gerne gut isst und mit den Frauen flirtet, hat mich sogleich ins Herz geschlossen, und zu dritt unternehmen wir Ausflüge in die Negevwüste, auf die Golanhöhen oder nach Haifa auf den Carmelberg. Wir lachen viel und sind ausgelassen. Ich bin überglücklich.

Eines Abends im Dezember, einen Tag vor dem Lichterfest Chanukka – ich zünde gerade den achtarmigen Leuchter an –, sagt mir Shai, dass er noch nie einen Fuß in eine Synagoge gesetzt hat, bis auf das eine Mal, als er Schutz vor dem Regen suchte und ... hinter einer Frau her war.

Ich bin erstaunt. «Und was ist mit deiner Bar-Mizwa?»

«Eine Bar-Mizwa hatte ich nicht», antwortet er.

Ich falle aus allen Wolken. Zwar weiß ich, dass in Shais Familie die Religion keine Rolle spielte, aber das hätte ich nicht für möglich gehalten. Die Bar-Mizwa ist für einen jüdischen Jungen ein entscheidendes Ereignis, der Übergang in einen neuen Lebensabschnitt. Wie konnten seine Eltern nur so nachlässig sein? Da ich merke, dass sich Shai unwohl fühlt, bohre ich nicht nach. Stattdessen frage ich: «Und was würdest du davon halten, einmal in die Synagoge zu gehen? Vor einem Festtag zum Beispiel. In meiner Familie feiert man alle großen Feste.»

«Das würde ich gern», meint er.

«Ja, tu das. Es wird dir gefallen», ermutige ich ihn.

Am Freitag darauf teilt mir Shai mit, abends zum Sabbatgottesdienst in eine der Synagogen unseres Viertels zu gehen. Ich freue mich, weil ich glaube, dass es für ihn ein wichtiger Schritt ist, dass er sich mit etwas aussöhnen kann, was ihm abhanden gekommen ist oder wonach er noch gar nie gesucht hat, eine Identität, das Gefühl, dazuzugehören. Ich entschließe mich, ihn nicht zu begleiten. Ich habe noch zu tun, etwas auf dem Herd, ich würde ihn zu Hause erwarten.

Als Shai von der Synagoge zurückkommt, ist er ungewöhnlich schweigsam.

«Und, wie war es?», möchte ich wissen.

«Unglaublich», antwortet er.

«Also hat es dir gefallen?», frage ich weiter.

«Mehr als das.»

Das ist alles, was er erzählt. Wir gehen an diesem Abend ins Kino, und ich denke nicht mehr an die Synagoge.

Ein paar Tage später bringt Shai einen Stapel kunstvoll verzierter hebräischer Bücher mit nach Hause. Als Lehrer hat er mehr freie Zeit als ich, weshalb ich ihn oft in die Lektüre vertieft antreffe, wenn ich von der Arbeit heimkomme.

«Was liest du?»

«Ich lerne.»

«Was denn?»

«Die Wurzeln.»

«Die Wurzeln wovon?»

«Des Judentums.»

Ich setze mein Verhör nicht weiter fort und schlussfolgere, dass er sich selbst die Grundlagen des jüdischen Glaubens beibringen möchte. Besser spät als nie, sage ich mir. Viel Beachtung schenke ich dem Ganzen ohnehin nicht, da ich mit dem Kopf ganz woanders bin. Mein Immigrantenstatus räumt mir ein, innerhalb einer bestimmten Frist Geld vom Staat zu einem günstigen Zinssatz zu leihen. Ich möchte meine Ersparnisse daher rechtzeitig in den Kauf einer Wohnung stecken, was mich ordentlich auf Trab hält.

Zwei Wochen sind seit Shais Besuch in der Synagoge vergangen. Eines Morgens fragt er mich plötzlich, ob es mir etwas ausmachen würde, am Freitagabend die Sabbatkerzen anzuzünden und den Kiddusch zu sprechen. Ich wundere mich etwas über diese unerwartete Bitte, sehe darin aber nichts Schlechtes, im Gegenteil. Bei meinen Eltern wurde der Sabbat nicht eingehalten, und ich finde, dass der Zeitpunkt und der Ort passend sind, um unser Leben traditioneller zu gestalten. Letztlich war auch ich diejenige, die damit angefangen und darauf gedrängt hat, die wichtigen Feste zu feiern. Im Übrigen gefällt mit der Brauch. Die Kerzen, die die Frau vor Sonnenuntergang anzündet, sind ein Symbol für das spirituelle Licht, das Frieden ins Haus bringt. Ich stelle mir vor, dass wir, wie viele andere säkulare Juden auch, am Freitagabend Kerzen anzünden, den Kiddusch verlesen und ein gutes Nachtmahl haben, bevor wir zum üblichen Wochenendprogramm übergehen. Wie ich mich täusche!

Meine Immobiliensuche war bislang nicht sehr erfolgreich. Entweder ist der Preis zu hoch, oder die Wohnobjekte sind in einem miserablen Zustand oder liegen zu weit außerhalb. Ich klage mein Leid Jacobo, meinem kolumbianischen Freund, zu dem wir viel Kontakt haben.

Auf seine unverwechselbare Art wünscht er mir bei meiner Suche Glück: «Weißt du, wie man in Israel zu etwas Geld kommt?»

Ich verneine.

«Indem man mit viel Geld ankommt», erklärt er.

Nun schaltet sich Avi, mein Schwiegervater, ein. Ich erfahre, dass seine Familie in Israel mehrere Wohnungen besitzt, unter anderem auch die, die Shai mit seinem Bruder teilte. Eine Wohnung steht derzeit leer, sie könnte für uns infrage kommen. Sie befindet sich in Ramat Gan, der «Gartenhöhe», einer Vorstadt von Tel Aviv, die auch für ihre Diamantenbörse und die Bar-Ilan-Universität, eine der größten Universitäten von Israel, bekannt ist. Die Wohnung muss von Grund auf saniert werden. Doch Avi macht mir ein attraktives Angebot: Wenn ich die Kosten für die Renovierung übernehme, ist seine Familie bereit, mir beim Kaufpreis entgegenzukommen. Was gibt es da noch zu zögern? Wir werden uns über die Übernahmebedingungen einig, und ich beauftrage sogleich einen Bauunternehmer. Die Arbeiten werden mehrere Monate dauern.

Noch mehr Traditionen

Damals in Europa, als ich klein war, waren die Dinge noch einfach: Entweder man war Jude, oder man war es nicht. Und wenn man Jude war, dann übte man seinen Glauben aus, oder man übte ihn nicht aus. Kinderleicht.

In Israel selbst ist die Unterscheidung um einiges komplizierter. Innerhalb des Judentums gibt es ungefähr so viele Strömungen, wie es Juden gibt. Bunt durcheinandergewürfelt finden sich weltliche und liberale Juden neben Traditionalisten, Orthodoxen und Ultraorthodoxen. Bei Letzteren unterscheidet man noch zwischen den äußerst strenggläubigen Charedim und den Chassidim.

Sie alle leben mehr schlecht als recht nebeneinander, und der Konflikt zwischen Gläubigen und Säkularen stellt die israelische Gesellschaft immer wieder auf eine Zerreißprobe. Die Gläubigen werfen den Säkularen vor, ihre jüdische Identität und damit die Grundlage des israelischen Staats zu verraten. Die Säkularen sehen in der Unnachgiebigkeit der Ultraorthodoxen ein Risiko für die Demokratie, die das Land in einen verhängnisvollen religiösen Fundamentalismus stürzen könnte. Es ist ein offenes Geheimnis, dass Israel an dem Tag, an dem die Verteidigung seiner Landesgrenzen nicht mehr oberste Priorität hätte, in einen verheerenden Bürgerkrieg schlittern würde.

Shai geht nun jeden Freitagabend in die Synagoge. Gerne zünde ich die Kerzen an und bereite ein gutes Essen zu. Nur bleibt Shai nach dem Abendessen lieber zu Hause und möchte nicht ausgehen. Mir soll es recht sein, so kann ich Freunde einladen. Und das Fernsehprogramm ist auch nicht ohne. Zum Beispiel schauen wir die beliebte TV-Serie *Litfos èt Hashamaim* (Den Himmel einfangen) an. Darin geht es um die Abenteuer einer säkularen Familie in Tel Aviv, deren Oberhaupt immer religiöser wird und dadurch das Leben aller auf den Kopf stellt. Insbesondere schreibt er seiner Frau vor, das Ritualbad aufzusuchen. Sie gibt klein bei, muss sich aber jedes Mal auf dem Weg dorthin Mut in Form einer halben Flasche Wodka antrinken, so dass sie beschwipst im Bad ankommt. Ich begreife nicht alles, aber die Szene ist zum Schreien komisch. Lachend sage ich zu Shai: «Gegen mehr jüdische Traditionen hab ich nichts einzuwenden, solange du nicht so einer wirst.»

Es heißt, Liebe macht blind.

Mit der Zeit bittet mich Shai, den Sabbat doch etwas strenger einzuhalten. Zum Beispiel solle ich versuchen, von Freitagabend bis Samstagabend aufs Rauchen zu verzichten. Warum eigentlich nicht? Das würde mir sicher nicht schaden, im Gegenteil.

Die Arbeiten an der künftigen Wohnung nehmen meine ganze freie Zeit in Anspruch. Unter der Woche fahre ich an drei Abenden nach Ramat Gan, um zusammen mit dem Bauunternehmer nach dem Rechten zu sehen. Shai überlässt die Auswahl der Materialien und die Innenausstattung mir allein. Ich sei die Besitzerin, sagt er mit einem Augenzwinkern, die Wohnung werde schließlich von meinem Geld bezahlt.

Ohne dass ich es merke, werden unsere Abende immer einsamer. Während ich zwischen Tel Aviv und Ramat Gan hin und her flitze, verbringt Shai seine Zeit mit Lesen. Mein Hebräisch ist nicht gut genug, um den Inhalt seiner Bücher zu verstehen. So weiß ich zu diesem Zeitpunkt auch noch nicht, dass es sich dabei ausschließlich um religiöse Literatur handelt.

Eines Abends fragt mich Shai, ob ich mir vorstellen könne, die wichtigsten, recht anspruchsvollen Vorschriften zur Familienreinheit zu erlernen und zu respektieren. Ich bejahe, da er seine Bitten immer sehr liebevoll und sanftmütig vorbringt. Er möchte nichts erzwingen, er macht lediglich Vorschläge. Vor allem aber habe ich das vage Gefühl, ja die Überzeugung, dass ich zum ersten Mal in meinem Leben zu einem mir unbekannten Bereich vorstoßen und an das Geheimnisvolle, das Göttliche, den heiligen Teil meines jüdischen Glaubens rühren werde.

Wieder einmal sollte ich mich täuschen.

Von einer erfahrenen Frau lerne ich also die Grundlagen der Nidda, eines sehr komplexen Talmudtraktats, das alle Reinheitsgebote umfasst.

Während der Menstruation oder im Wochenbett wird eine Frau als unrein betrachtet und zur Nidda, was wörtlich übersetzt «getrennt», «ausgestoßen» bedeutet. Von diesem Augenblick an vermeidet das jüdische Ehepaar jeden Körperkontakt und schläft für mindestens fünf Tage, die Zeit der Periode, plus weitere sieben Tage in getrennten Betten, im Ganzen also rund ein Dutzend Tage.

Am Ende ihrer Regelblutung unterzieht sich die Frau einer innerlichen Untersuchung, der «Reinheitsunterbrechung». Nachdem sie sich gründlich gewaschen hat, führt sie vor Sonnenuntergang ein Stück weißen, weichen Stoff in sich ein, den sie beim ersten Licht des darauffolgenden Tages wieder entfernt und daraufhin prüft, ob er vollkommen rein, ohne jeden Rückstand von Blut ist.

Als Nächstes wird sie ein weiteres Stück Stoff einführen, das sie in sich behält, bis die Sterne aufgehen. Sie wird dieses «Beweisstück» bei Tagesanbruch auf mögliche Flecken untersuchen. Sollte Blut daran sein, muss die ganze Prozedur am Folgetag wiederholt werden. Falls Zweifel bestehen, fragt der Ehemann das Rabbinat um Rat, das allein urteilen darf.

Wenn das Stück Stoff sauber ist, beginnen die sieben Reinheitstage, während deren die Frau weiße Unterwäsche trägt und in weißen Laken schläft. Am Ende dieser sieben Tage und nach einer langen und sorgfältigen Vorbereitung reinigt sich die Frau, indem sie im Ritualbad, der berühmten Mikwe, unter Wasser taucht. Erst dann ist die Frau dem Mann wieder «erlaubt», bis die nächste Blutung einsetzt. Dass es sich dabei um den Zeitpunkt des Eisprungs und folglich die fruchtbaren Tage der Frau handelt, lässt sich unschwer nachrechnen.

Verheiratete, praktizierende Jüdinnen haben folglich die Pflicht, einmal im Monat die Mikwe aufzusuchen, während sich Männer in der Regel am Abend vor dem Sabbat und den anderen religiösen Festen dort waschen. Nicht nur Personen, auch Gegenstände, insbesondere Kochutensilien, werden in der Mikwe gereinigt, und auch wenn man zum Judentum konvertieren möchte, ist ein Besuch der Mikwe vorgeschrieben.

Ich erfahre auch, dass die Reinheitsvorschriften einen derart hohen Stellenwert haben, dass eine jüdische Gemeinde zuerst eine Mikwe einrichtet, noch bevor eine Synagoge gebaut wird.

Nach diesen Unterrichtsstunden bin ich immer etwas durcheinander. Eine schnelle Umfrage unter meinen Freundinnen bestätigt, was ich bereits geahnt habe: Abgesehen vom obligatorischen Badbesuch vor der Hochzeit, wie er auch für Musliminnen gilt, hat noch nie jemand von diesen Dingen gehört. Und sie haben reichlich wenig mit dem festlichen Ritual gemeinsam, das ich am Abend vor unserer Hochzeit kennengelernt habe, mit der symbolischen Reinigung, die von Gesang, Tanz und einem köstlichem Essen begleitet wird. Mir scheint, dass dieses Ritual ein gut gehütetes Geheimnis ist.

Unterdessen fange ich an, mich im Meer zu reinigen. Es ist mild, wir wohnen am Strand, und Meer- oder Flusswasser ist für die Reinigung genauso geeignet wie das Bad in der Mikwe. Mir wird bewusst, wie ernst Shai das Ganze nimmt, und mir liegt daran, mit ihm zusammen dieses tausendjährige Gebot zu befolgen.

Ich liebe ihn, er liebt mich, das ist mir durchaus ein paar Kompromisse wert.

Und wo bleibt das Vertrauen?

Am Frühlingsanfang des Jahres 2002 ist unsere neue Wohnung von Grund auf renoviert und bezugsbereit. Wie mit meinem Schwiegervater vereinbart, habe ich sie nach allen Regeln der Kunst und mit den besten Materialien instand setzen lassen: Isolierung, Gas- und Wasserleitungen, elektrische Anlagen, Böden, Anstrich der Wände.

Auf mich wirkt Ramat Gan etwas trist, und als wir Tel Aviv verlassen, wird mir schwer ums Herz. Doch ich weiß, wofür wir es tun. Zum ersten Mal in meinem Leben bin ich Inhaberin eines eigenen Heims, ich besitze etwas, über das ich frei verfüge und das ich einmal meinen Kindern vermachen kann. Daher wundere ich mich auch nicht, dass mir mein Schwiegervater, dem der Verkauf so wichtig war, mir noch keinen Vertrag vorgelegt hat. Zum Zeitpunkt des Einzugs habe ich also keinen Nachweis in der Hand, dass ich die rechtmäßige Besitzerin bin, dabei sind die ersten Monatsraten schon bezahlt. Ich verdränge die Zweifel, es handelt sich schließlich um die Familie meines Mannes, ich kann ihr vertrauen.

Shai hält sich immer mehr an seine Glaubensregeln. Am Sabbat fährt er nicht mehr Auto, macht keinen Sport und sieht nicht fern. Seine langen Haare hat er abschneiden lassen, und wenn er nicht gerade die Kippa trägt, hat er meist eine Schirmmütze auf. Er saugt alles, was mit dem Judentum zu tun hat, wie ein Schwamm in sich auf. Ich sehe darin einerseits eine Reaktion auf seine Erziehung, in der Traditionen keine Rolle spielten, und andererseits den Versuch, sich von seinem allzu freizügigen Leben vor der Ehe zu distanzieren.

Nach den Vorschriften zum Sabbat und zur rituellen Reinigung kommt für Shai nun folgerichtig der Kaschrut an die Reihe, der die jüdischen Speisegesetze enthält. Erneut tritt er sehr behutsam an mich heran. Zusammen beschließen wir, dass wir von nun an zu Hause koscher essen. Außerhalb kann ich weiterhin das essen, was mir beliebt. Wir lassen das Geschirr durch Abkochen und im Ritualbad «kaschern», verzichten auf gewisse Lebensmittel und trennen Fleisch- und Milchprodukte voneinander. Millionen von Menschen essen in Israel so, weshalb die Waren in den größeren Kaufhäusern zwangsläufig koscher sind. Davon abgesehen kochen auch viele meiner Freunde zu Hause koscher und sind weniger streng, wenn sie auswärts essen. Ein großes Problem erkenne ich darin nicht.

Zu keinem Zeitpunkt wittere ich Gefahr. Denn zu keinem Zeitpunkt ist mir bewusst, dass Shai beginnt, in der Teschuwa zu leben, dass er, wie zahlreiche andere nichtgläubige Juden, zur «Antwort», so die wörtliche Übersetzung, zum strengen Glauben zurückfindet. Meine israelischen Freundinnen hätten an meiner Stelle schnell kapiert, was Sache ist, wohingegen mir als Europäerin dieses Phänomen nicht bekannt war und ich damit die Motive seiner Handlungen nicht so leicht durchschauen konnte.

Ein Vorfall hätte mich allerdings warnen müssen.

Aus Respekt gegenüber meinem Ehemann halte ich den Sabbat nun streng ein. Shai hat in der ganzen Wohnung automatische Schaltuhren installiert, damit ich keinen Strom verwende. Auf diese Weise gehen das Licht, die Klimaanlage und die Heizung zu bestimmten Zeiten an und aus, ganz ohne unser Zutun. Die Mahlzeiten, die wir am Freitagabend und am Samstag essen, koche ich im Voraus und stelle sie warm. Vom Untergang der Sonne am Freitag bis Samstagabend rauche ich nicht mehr, ich nehme nicht mehr das Auto, höre keine Musik, rufe nicht mehr wie sonst meine Eltern an, und wenn ich meine Freundinnen treffen oder an den Strand von Tel Aviv gehen möchte, plane ich es so, dass ich es freitags, vor dem Sabbat, erledige. Kurz: Ich organisiere mein Leben um.

An einem Samstag bekomme ich schlimme Bauchkrämpfe. Der Schmerz wird unerträglich, ich halte ihn kaum aus. Also bitte ich Shai, mich ins Krankenhaus zu bringen.

Er reagiert gereizt. «Bist du sicher? Können wir nicht bis zum Ende des Sabbats warten?»

Ich krümme mich vor Schmerzen. Unmissverständlich mache ich ihm klar, dass ich ein Taxi rufe, wenn er mich nicht fährt. Widerwillig setzt er sich ans Steuer und bringt mich ins Krankenhaus. Man behält mich sofort da und operiert mich an der Gallenblase.

Mein Mann scheint geflissentlich übersehen zu haben, dass in Situationen, in denen ein Leben auf dem Spiel steht, ein Jude verpflichtet ist, religiöse Regeln, die eine Rettung gefährden könnten, zu missachten, auch den Sabbat.

Meine Entlassung aus dem Krankenhaus fällt auf das Pessachfest. Shai möchte den Seder bei uns zu Hause abhalten. Die Vorbereitungen für diesen Abend, bei dem im Kreis der Familie mit Lesungen und typischen Speisen an den Auszug aus Ägypten erinnert wird, sind sehr aufwendig, und da ich mich noch von der Operation erholen soll, wäre es mir tausendmal lieber gewesen, die Einladung meiner Verwandten anzunehmen und bei meiner Großtante in Tel Aviv Pessach zu feiern. Doch Shai besteht darauf, und trotz meiner Erschöpfung willige ich ein.

Am Sederabend, dem 27. März 2002, fängt Shai gerade an, aus der Haggada zu lesen, als von der Straße Polizei- und Krankenwagensirenen ertönen. Um die heilige Feier nicht zu stören, weigert sich Shai, den Fernseher oder das Radio einzuschalten. Also essen wir weiter, während von draußen ein ohrenbetäubendes Getöse hereindringt. Von dem gerade erst überstandenen Eingriff noch geschwächt, schlafe ich am Tisch ein, ungeachtet des Lärms.

Am nächsten Morgen erfahren wir den Grund: Die Hamas hat in Netanja, einer Nachbarstadt dreißig Kilometer nördlich von Tel Aviv, einen Selbstmordanschlag verübt. Der Attentäter drang in den Speisesaal des Parkhotels ein und zündete eine Bombe inmitten von Familien, die gemeinsam das Osterfest feierten. Dreißig Israelis wurden getötet, einhundertvierzig Personen verletzt, zwanzig davon schwer.

Zwei Tage später beginnen Ariel Scharon und sein Kabinett im Westjordanland mit der «Operation Schutzwall». Damit sollen terroristische Anschläge vereitelt werden, die von den besetzten Gebieten aus gesteuert werden.

Der Monat März ist noch nicht zu Ende, und schon nennt man ihn den «blutigen März». Noch nie seit Beginn der zweiten Intifada starben so viele Menschen durch Attentate. Der Kreislauf der Gewalt hört nicht auf, das Jahr 2002 wird noch mehr Todesopfer fordern als das Vorjahr. Und dennoch geht das Leben weiter, die Toten werden begraben, die Gewalt gehört zum Alltag.

In Ramat Gan wohnen wir zu weit vom Meer entfernt, als dass ich mich bei Einbruch der Dunkelheit einmal im Monat im Meerwasser reinigen könnte. Es ist zu weit und zu gefährlich. Um die Reinheitsgesetze weiter einhalten zu können, ringe ich mich dazu durch, eine Einrichtung in der Nähe aufzusuchen, in der es eine Mikwe gibt. Bei einer Mikwe handelt es sich um ein direkt in den Boden eingelassenes Becken, das nach genauen Regeln und spezifischen Maßen konstruiert wird. Es ist mit gefiltertem Regenwasser oder Wasser aus einer natürlichen Quelle gefüllt. Die Mikwe ähnelt einem kleinen Schwimmbad, zu dem man über einige Stufen nach unten gelangt, symbolisch ein Verweis auf Wasser und Leben, aber auch auf den Tod und die Wiedergeburt.

Das Untertauchen erfolgt, sobald es Nacht geworden ist. Davor badet man und wäscht sich sorgfältig, um jeden Fremdkörper zu entfernen, der den vollständigen Kontakt des Wassers mit dem Körper verhindern könnte. Am Eingang werde ich von der Balanit, der Aufsichtsperson, empfangen. Sie achtet darauf, dass das Untertauchen korrekt ausgeführt wird, und kommt einem wenn nötig zu Hilfe. Das Untertauchen ist nur dann gültig, wenn das Wasser die Frau ganz umschließt, auch das Haar. Die Balanit fordert mich auf, mich auszuziehen, und kontrolliert, ob jeder Körperteil richtig gereinigt wurde. Ich muss den Mund öffnen und die Zähne zeigen, den Bauchnabel zur Schau stellen und Finger und Zehen spreizen. Sie hebt die Haare hoch und schaut mir unter die Achseln. Erst dann darf ich ins lauwarme Wasser steigen. Im Judentum sagt man, es gebe drei Momente, in denen sich die Himmelstore weit öffnen: wenn die Sabbatkerzen angezündet werden, an Jom Kippur und wenn eine Frau ins Wasser der Mikwe taucht.

Nachdem ich den erforderlichen Segensspruch aufgesagt habe, gehe ich langsam die Stufen hinab und tauche mit offenem Haar ganz unter in die Stille des heiligen Wassers. Ich wiederhole diesen Vorgang dreimal und tauche dann wieder aus dem Wasser. Nun bin ich rein. Die Mikwe ist mit ihrem ursprünglichen, reinen Wasser auch die Quelle der Schöpfung und ein jahrtausendealtes Geheimnis, das ich mit meinen jüdischen Schwestern auf der ganzen Welt teile. Zumindest sollte sie das sein.

Denn statt das Heitere, das Heilige und das Göttliche dieses Moments zu empfinden, fühle ich mich gedemütigt und zu einer zum Verkauf ausgestellten Stute degradiert.

Plötzlich kommt mir die Fernsehserie in den Sinn, die ich mit Shai anschaute, die lustige Szene, als sich die Ehefrau auf dem Weg zur Mikwe betrinkt. Jetzt ist mir nicht mehr zum Lachen zumute. Zu Hause hat Shai alle Mühe, mich wieder aufzumuntern. Ich kann mich nicht entspannen und dem Moment unserer Begegnung hingeben.

Dabei hat man mir beigebracht, dass die Mikwe vor allem dazu dient, eine höhere spirituelle Dimension, eine weitere Bewusstseinsebene zu erlangen. Ich kann mir noch so oft vor Augen führen, dass die Enthaltsamkeit zwischen einem Mann und seiner Frau rein gar nichts mit Zurückweisung oder Ekel zu tun hat, dass es sich um ein spirituelles Konzept handelt – es fällt mir dennoch schwer, mich damit abzufinden. Doch von Shai kommt keine Hilfe. Während zweier Wochen im Monat haben wir keinen Körperkontakt, wir streifen uns nicht einmal. Wir vermeiden es sogar, uns bei Tisch das Wasser oder das Salz zu reichen.

Ich kann es kaum glauben, als ich drei Monate nach meiner Gallenblasenoperation schwanger werde. Shai ist außer sich vor Freude. Der Sommer fängt an, und wir fahren für einige Tage nach Eilat. Die Sonne und das Meer tun uns gut. Wir schwimmen im Dolphin Reef, einem offenen Meeresgehege in der Bucht von Eilat, mit den Delfinen, die dort frei herumtollen. Scheinbar nehmen Delfine mit ihrer Ultraschallortung wahr, wenn eine Frau schwanger ist, ein neues Wesen heranwächst. Ich bin begeistert. Ich fühle mich schön, ich strahle und bin vor allem froh darüber, dass ich während der Schwangerschaft und der Stillzeit, solange die Periode ausbleibt, nicht die Mikwe aufsuchen muss. So kann ich ganz ohne schlechtes Gewissen Shais Hand halten und ihm meine Zuneigung zeigen.

Nach unserer Rückkehr von Eilat habe ich die erste Kontrolluntersuchung. Shai ist nicht dabei, er hilft für zwei Wochen als Sportanimateur in einer Ferienanlage aus. Ich bin noch ganz im Glück, als man mir wie aus heiterem Himmel und ohne Umschweife mitteilt, dass der Embryo nicht mehr lebe und eine Ausschabung gemacht werden müsse. Der Arzt weist mich sofort ins Krankenhaus ein.

Nach dem Eingriff falle ich in ein Loch. Ich fühle mich sehr allein. Shai, der überstürzt angereist ist, fährt gleich wieder in die Ferienanlage zurück, nachdem ich nach Hause entlassen worden bin. Doch es dauert nicht lange, bis sich mein alter Optimismus wieder einstellt. Ich tröste mich, indem ich mir sage, dass das Baby selbst diesen Weg gewählt hat.

Rückkehr nach Tel Aviv

Zwei Monate später bin ich wieder schwanger. Dieses Mal bin ich nicht so unbesorgt und habe Angst, dasselbe noch einmal durchmachen zu müssen. Daher suche ich einen privaten Frauenarzt auf, anstatt mich wieder dem öffentlichen Gesundheitssystem anzuvertrauen. Es ist Herbst, die Geburt wird voraussichtlich im Juni sein.

Genau in diesem Moment teilt mir mein Schwiegervater mit, dass seine Eltern nach reichlicher Überlegung entschieden hätten, mir die Wohnung doch nicht zu verkaufen, uns aber anböten, weiter im Mietverhältnis dort zu bleiben. Meine Vorahnung hat sich also bestätigt. Im Klartext heißt das, dass ich fast meine ganzen Ersparnisse in die Renovierung eines Apartments gesteckt habe, das mir nie gehören wird. Was aber noch schwerer wiegt, ist die Tatsache, dass mich die Familie meines Mannes übers Ohr gehauen hat, Menschen, denen ich vertraut habe. Ich bin fassungslos.

Dieses ausgemachte Gaunerstück – anders kann ich es nicht bezeichnen – bringt mich so in Rage, dass ich mich kurzerhand entschließe, Ramat Gan zu verlassen und wieder nach Tel Aviv zu ziehen. Ich miete die erstbeste Wohnung, drei schäbige Zimmer im Erdgeschoss eines alten Hauses, und schon einen Monat später ziehen wir um. Offene Rechnungen wird es nun nicht mehr geben. Sollen sie doch ihre Wohnung behalten, ein Schlüssel zum Paradies wird sie ihnen jedenfalls nicht sein.

Shai hält sich kleinlaut zurück, er möchte nicht in die Schusslinie zwischen mir und seinem Vater geraten.

Ich bin froh, wieder in Tel Aviv zu sein. Die Energie der Stadt belebt mich, ich sauge alle Geräusche, Gerüche und Farben in mich auf. Shai ist sehr zuvorkommend und kümmert sich rührend um mich. Doch wenn ich Appetit auf Meeresfrüchte oder Schinken bekomme, bleibt er stur, diese Lebensmittel sind nicht koscher ...

Manchmal gehe ich abends mit meinen Freunden aus. Da Shai kein Französisch spricht und es auch nicht gern hört, wie er mir bereits zu verstehen gab, schließt er sich uns nicht an, er möchte unsere «französische Runde» nicht stören. Viel lieber hört er sich in dieser Zeit religiöse Lesungen an. Ich weiß, dass er Kontakt zu sehr strenggläubigen Juden hat.

Gelegentlich sind wir am Sabbat auch bei Lea und Elieser, einem jungen Paar mit vier Kindern aus der Nachbarschaft, zum Essen eingeladen. Sie gehören zu den ultraorthodoxen Charedim. Er kommt aus Straßburg und spricht Französisch, sie wurde in Israel geboren. Die beiden sind sehr sympathisch und aufmerksame Gastgeber, aber ich muss doch oft bei mir denken, dass sie in einer vollkommen anderen Welt leben, so ganz ohne Fernseher, ohne Computer und, abgesehen von den Gebetsbüchern, auch ohne Literatur. Sie wissen nicht einmal, was hinter der Landesgrenze vor sich geht. Aus Rücksicht auf ihre religiösen Gefühle bedecke ich meine Haare mit einem Hut, wenn wir bei ihnen sind. Sobald wir ihr Haus verlassen, nehme ich ihn wieder ab.

Es kommt auch vor, dass wir am Wochenende wegfahren und den Sabbat mit anderen Familien in der Gruppe verbringen. Diese Wochenenden werden von Rabbis organisiert und an verschiedenen Orten in ganz Israel durchgeführt. Sie sind eine Art Kurzfreizeit für Gläubige, mit Lesungen, Gebeten und Thorastunden für die Männer. Auch da passe ich mich dem Tzniut, den jüdischen Kleidungsvorschriften, an, indem ich Arme, Beine und mein Haar verhülle. Unter einem gelungenen Wochenende stelle ich mir zwar etwas anderes vor, aber Shai ist in seinem Element, und ich beiße die Zähne zusammen. Immerhin kann ich mich in dieser Zeit ausruhen und die Zubereitung der Mahlzeiten anderen überlassen, was mir in der Schwangerschaft durchaus entgegenkommt.

Vor allem aber glaube ich fest daran, dass Shai, nachdem er alles kennengelernt und seinen Wissensdurst gestillt haben wird, sich wieder anderen Dingen zuwenden wird, dass wir unsere gemeinsamen Aktivitäten wiederaufnehmen werden und das Leben wieder so sein wird wie zuvor.

Bislang hat Shai immer an derselben Tel Aviver Schule gearbeitet. Auf einmal entschließt er sich, die Schule zu wechseln, er möchte in einer reinen Jungenschule unterrichten. Ich wundere mich nicht weiter. Es ist seine Entscheidung, und ich unterstütze ihn bei seinen Karriereplänen. Selbstverständlich ahne ich auch diesmal nicht, dass er sich bei dem Schulwechsel von religiösen Motiven leiten lässt.

Die Schwangerschaft verläuft unterdessen ohne Zwischenfälle. Ich erwarte einen Jungen. Als mein Frauenarzt beim Ultraschall jedoch feststellt, dass das Kind nur eine Niere hat, befürchte ich das Schlimmste. Der Arzt beschwichtigt. Alles sei ansonsten normal, es bestehe kein Grund zur Panik, an eine Abtreibung sei nicht zu denken. Er erklärt mir, dass vor der Einführung der Ultraschalldiagnostik viele Menschen wunderbar mit einer Niere zurechtgekommen seien, ohne es überhaupt zu wissen. Und doch bin ich beunruhigt.

Als ich im siebten Monat schwanger bin, erfolgt der Einmarsch in den Irak. Israel ist in höchster Alarmbereitschaft. Wir werden dazu angehalten, nicht ohne unsere Gasmasken aus dem Haus zu gehen und uns im Alarmfall schnellstens zum nächsten Schutzraum zu begeben. Neuere Gebäude sind meist mit solchen Räumen ausgestattet, entweder im Keller oder in den Wohnungen selbst, und auch Schulen, Einkaufszentren und andere öffentliche Gebäude verfügen über Gemeinschaftsschutzräume. Die Militärverantwortlichen weisen die Bevölkerung an, Lebensmittelvorräte und Wasser sowie andere wichtige Dinge wie Batterien, Radioapparate, Taschenlampen und Erste-Hilfe-Koffer in diesen Räumen zu lagern. Man stellt sich auf eine Wiederholung des Golfkriegs ein und befürchtet Scud-Raketenangriffe auf Tel Aviv.

Ich erwäge, in die Schweiz zu gehen und dort unser Kind zu gebären. Doch der Mann im Reisebüro macht keine Ausnahme. Es sei zu spät, meine Schwangerschaft zu weit fortgeschritten, aus Versicherungsgründen würde mich keine Fluggesellschaft an Bord nehmen.

Meine Vorgesetzte rät mir, bis auf Weiteres zu meinen Verwandten nach Jerusalem zu gehen: «Dort bist zu in Sicherheit. Niemand wird jemals Jerusalem bombardieren.»

In Jerusalem empfangen mich David und Ayala mit offenen Armen. Da Shai meine Gasmaske in Tel Aviv vergessen hat, muss er den ganzen Weg noch einmal machen. Das ärgert mich, die zwei versuchen zu beschwichtigen. Doch Shai kommt das sehr gelegen, so muss er nicht mit uns das essen, was meine Cousine zubereitet hat: ein nichtkoscheres Abendessen. Er schlägt die Einladung aus und fährt augenblicklich nach Tel Aviv zurück.

Ein weiteres Anzeichen seines Wandels, das mich hätte stutzig machen sollen. Aber angesichts der drohenden Raketenangriffe und mit meinem großen Bauch habe ich andere Sorgen.

Noam, mein Sohn

Nachdem der Ausnahmezustand aufgehoben wird und ich wieder nach Tel Aviv zurückkehren kann, bereiten wir uns auf die Geburt vor. Wir sprechen über die Zukunft, selbstverständlich auch über unsere finanzielle Lage. Es ist nicht von der Hand zu weisen, dass von unseren beiden Gehältern meines das attraktivere ist. Was wir für die Kinderbetreuung ausgeben würden, ist deutlich mehr als das, was Shai als Sportlehrer verdient. Nichts ist daher näherliegend als sein Vorschlag, daheim zu bleiben und sich um das Kind und den Haushalt zu kümmern. «Ich habe in der Schule jahrelang Kinder betreut, warum also nicht auch mein eigenes?», meint er.

Dankbar nehme ich sein Angebot an, das gelten wird, sobald mein gesetzlicher Mutterschaftsurlaub zu Ende geht. Auch habe ich nicht die geringste Lust, meine Stelle aufzugeben, und ich vertraue meinem Ehemann voll und ganz, was die Zukunft unseres Sohnes anbelangt.

An einem Sonntagmorgen im Juni fahre ich wie üblich zur Arbeit und mache auf dem Weg bei der Bank Halt. Am Schalter merke ich, dass es losgeht. Ich rufe ein Taxi und lasse mich auf schnellstem Weg ins Krankenhaus bringen. Unterwegs gebe ich Shai und auch seiner Mutter Maya und Ronit, der Lebensgefährtin seines Vaters, Bescheid.

Die Wehen werden stärker, doch das Kind lässt sich Zeit. Die Ärzte lehnen eine Periduralanästhesie ab, weil sich dann der Muttermund nicht weiter öffnen würde. Man schließt mich an einen Monitor an und legt mich zur Beobachtung auf ein Zimmer. Ich habe starke Schmerzen, doch Shai kommt nicht. Als ich nochmals anrufe, sagt er, dass er sich unwohl fühle, dabei war er vor dreißig Minuten noch putzmunter.

Am Ende wird die Geburt fast drei volle Tage dauern, quälend lange Stunden, in denen Ronit und Maya abwechselnd bei mir sitzen. Nach vierundzwanzig Stunden verliere ich das Gefühl für die Zeit, aber mir wird klar, dass Shai nicht mehr auftauchen wird. Er will kein Blut sehen und auch nicht seine unreine Frau auf dem Gebärstuhl. Ich werde das Kind alleine zur Welt bringen.

Shais Abwesenheit verbanne ich in den hintersten Winkel meines Bewusstseins. Jetzt ist nicht die Zeit dafür, ich brauche meine ganze Kraft, um mich auf das Atmen zu konzentrieren und den heftigen Schmerz der in immer kürzeren Abständen folgenden Wehen zu ertragen. Glücklicherweise scheint der ganze Trubel dem Kind nichts anzuhaben, wacker erkämpft es sich auf seinen Weg in die Welt.

Am Morgen des dritten Tages, als der Arzt schon einen Kaiserschnitt in Erwägung zieht, öffnet sich endlich der Muttermund, weit genug, damit eine PDA gelegt werden kann. Als der Schmerz nachlässt, entspanne ich mich, und plötzlich geht alles sehr schnell. Nach den langen Strapazen erwarte ich, ein kleines zerknautschtes, rotes Knäuel in Empfang zu nehmen, und bin dann ganz erstaunt, als ein fertiges Kerlchen mit sanften, glatten Gesichtszügen zum Vorschein kommt, das mir bedeutungsvoll in die Augen schaut, wie um mir zu sagen: «Siehst du, es geht doch.»

Als ich das Kind in den Armen halte, bin ich verrückt vor Freude, erschöpft – und allein. Shai wird sich erst am darauffolgenden Tag blicken lassen. Und damit ist noch lange nicht alles gut, denn bis die Nachblutungen aufhören, bin ich unrein. Erst dann werde ich ins Ritualbad gehen und wieder Berührungen mit meinem Mann austauschen können. Nach dieser langen und schweren Geburt sehne ich mich nach einer Schulter zum Anlehnen, nach Zärtlichkeit. Doch als Shai ins Krankenhaus kommt, merke ich schnell, dass ich dies von ihm nicht erwarten kann. Mein Mann vermeidet es tunlichst, mich anzufassen. Er legt nicht seinen Arm um mich, er fährt mir nicht durchs Haar, selbst einen Kuss bleibt er mir schuldig.

Wie viele Frauen müssen sich in gleicher Weise im Stich gelassen und zurückgewiesen fühlen, nachdem sie ihre Kinder zur Welt gebracht haben?

Zu alldem werde ich an einem Freitag, genau vor Sabbat, nach Hause entlassen. Abends nach dem Essen kommt die junge Tochter von Bekannten vorbei, sie soll mir Gesellschaft leisten, während Shai bei Freunden Schalom Sachar feiert. Mit diesem Fest wird traditionell ein neugeborener Junge begrüßt. Ich bin nicht eingeladen.

Den gewünschten Beistand erhalte ich einige Tage später, als meine Eltern aus Frankreich anreisen. Sie freuen sich und sind gespannt auf ihren Enkel. Meine Mutter lässt es sich nicht nehmen, mich nach Strich und Faden zu verwöhnen und das Baby und mich zärtlich zu liebkosen. Dass Shai und ich uns nicht berühren, bemerkt sie nicht. Ich sage ihr nichts.

Wie mein Frauenarzt bereits festgestellt hat, kommt das Kind mit nur einer Niere zur Welt. Zum Glück ergeben die ersten Untersuchungen, dass die Niere voll funktionsfähig ist, und die Ärzte erteilen grünes Licht für die Brit Mila, die rituelle Beschneidung.

Am achten Tag nach der Geburt wird also die Beschneidungszeremonie durchgeführt, bei der der Junge auch offiziell einen hebräischen Namen bekommt. Wir nennen ihn Noam, was «angenehm, gefällig, wohlklingend» bedeutet. Und genau das ist er.

«Baal Teschuwa» – Meister der Rückkehr

Meine Eltern kehren wieder nach Frankreich zurück. Kurz darauf teile ich Shai mit, dass ich für Noam auf dem Schweizer Konsulat einen Pass beantragen möchte. Dafür benötige ich seine Erlaubnis.

«Warum braucht Noam einen Schweizer Pass? Er wird in Israel aufwachsen und Hebräisch sprechen», entgegnet er bestimmt.

«Warum? Weil die halbe Welt für einen Schweizer Pass töten würde, deshalb. Und wer sagt dir, dass Noam später nicht einmal in der Schweiz oder in Europa studieren möchte?», frage ich zurück.

«Nein, Noam wird in Israel bleiben», ist sein letztes Wort.

Mir bleibt nichts anderes übrig, als geduldig zu warten, bis Shai doch noch zu dem Schluss kommt, dass so ein Türöffner nützlich sein könnte, und unterschreibt.

Als Noam drei Monate alt ist, fliegen wir nach Europa. Wir wollen meine Eltern und Freunde besuchen. Der Aufenthalt bei meinen Eltern wird zum Fiasko. In Israel, in meinem gewohnten Umfeld, war mein Blick auf die Realität verstellt, hier in Europa springt sie mich förmlich an. Langsam begreife ich, dass die Dinge nie mehr so sein werden wie zuvor.

Shai hat sich verändert. Der humorvolle, aufgeschlossene, weltoffene Sportlehrer, der mich verführte, lebt nur noch durch und für die Halacha, das jüdische Religionsgesetz.

Meine Eltern wollen uns den Besuch so angenehm wie

möglich gestalten. So ist meine Mutter kilometerweit gefahren, um einen koscheren Supermarkt zu finden, und hat den Kühlschrank für Shai mit koscheren Vorräten gefüllt. Auch hat sie Pappteller besorgt, da ihr Geschirr nicht koscher ist.

Shai isst ohne Appetit, und sobald er den letzten Bissen hinuntergeschluckt hat, steckt er seine Nase in eines seiner vielen religiösen Bücher, die er mit hierhergeschleppt hat. Als Freunde vorbeikommen, um uns zum Kind zu beglückwünschen, grüßt er nur kurz und verzieht sich sogleich wieder aufs Zimmer, als ob er nicht da wäre. Meine Mutter hält sich zurück, aber meinem Vater sehe ich an, dass er innerlich kocht, umso mehr, als Shai uns regelmäßig alleine lässt und zu Fuß zum Gebet in die Synagoge am anderen Ende von Annecy geht.

Als Shai am Sabbat das Birnchen im Kühlschrank herausschraubt, damit beim Öffnen der Tür kein Licht nach außen fällt, bringt er das Fass zum Überlaufen. Meine Mutter fleht meinen Vater an, unserer Beziehung zuliebe keinen Skandal daraus zu machen. Doch dieser ist nicht mehr zu halten. Er dulde nicht, dass Shai alle mit seinen neuen Sabbatregeln verrückt mache. Ich schweige, versuche, die Wogen zu glätten, mich möglichst herauszuhalten. In mir brodelt es jedoch gewaltig, und ich frage mich immer wieder, wie Shai zu diesem Fanatiker werden konnte.

Eine Einladung bei Freunden, denen ich Shai vor unserer Hochzeit vorgestellt habe, verstärkt meine Ratlosigkeit. Zunächst isst er nicht mit, dann lenkt er die Unterhaltung auf die Thora und lässt sich auch durch meine Versuche, dem Gespräch eine andere Wendung zu geben, partout nicht vom Thema abbringen. Meine Freunde sagen nichts dazu, aber ich merke, dass sie sich Gedanken machen. Zurück bei meinen

Eltern, stürzt sich Shai auf eine Konservendose mit dem Aufdruck «koscher», ein Schauspiel, das sich noch öfter wiederholen wird.

In diesem angespannten Klima geht unser Urlaub zu Ende. Meine Mutter möchte mich unter diesen Umständen am liebsten nicht nach Israel zurückkehren lassen.

Am Tag der Abreise bietet ein Freund der Familie an, uns mit dem vielen Gepäck in seinem Kleinbus von Annecy zum Genfer Flughafen zu fahren. Jacques hat Probleme mit dem Rücken, und mein Vater soll in seinem Alter die schweren Koffer nicht mehr tragen. Also rufe ich Shai zu Hilfe. Er antwortet nicht.

In der Zwischenzeit hat Jacques begonnen, die Gepäckstücke in den Bus zu hieven. Er möchte nicht, dass wir zu spät kommen. Mein Vater hilft ihm dabei.

Als ich nach oben gehe, finde ich Shai ins Gebet vertieft. Diesmal platzt mir der Kragen, und ich fahre ihn an: «Schämst du dich nicht? Du lässt meinen Vater und Jacques mit seinem kaputten Rücken unsere Koffer schleppen! Wie respektlos von dir!»

Jetzt bin ich in Fahrt, und ich serviere ihm die geballte Ladung seiner vielen Fehltritte, die diesen Aufenthalt so unerträglich machten: «Rühr dich nicht vom Fleck, sieh mich nicht einmal an, bete nur ruhig weiter. Du bist hier aber im Haus meiner Eltern, da gehört sich das nicht. Hättest du nur einen Funken Anstand, würdest du dich ihrem Lebensstil anpassen, und nicht umgekehrt. Sie haben sich weiß Gott alle Mühe gegeben, um es dir recht zu machen, beim Essen, mit dem Sabbat. Und du hast kein Dankeswort für sie übrig und bist beim Abschied nicht mal in der Lage, selbst deinen Koffer zu tragen.»

Ich bin so wütend, dass ich während des gesamten Rückflugs kein Wort mit ihm wechsle.

Vielleicht hat er kapiert, dass er zu weit gegangen ist. Jedenfalls entschuldigt er sich, als wir wieder zu Hause sind. Ich mache ihm noch einmal klar, dass er sich als Schwiegersohn allerhand herausgenommen hat und dass ich meine Eltern in Zukunft ohne ihn besuchen werde.

Die Dinge renken sich wieder ein. Shai ist in seinem vertrauten Umfeld, und ich habe mit Noam und dem bevorstehenden Wohnungswechsel alle Hände voll zu tun.

Wir müssen nach unserer Rückkehr aus Europa erneut umziehen. Das Erdgeschoss, das wir bewohnen, ist in einem so desolaten Zustand, dass man es einem Neugeborenen unmöglich zumuten kann. Ich finde eine Wohnung im zweiten Stock eines Neubaus, nicht weit vom Meer. Da nur ich eine feste Anstellung habe, unterzeichne selbstverständlich auch ich den Mietvertrag. Shai hat, wie besprochen, seine Stelle als Lehrer aufgegeben, um sich um Noam zu kümmern.

Wir sind gerade eingezogen, als mein Mutterschaftsurlaub zu Ende geht. Für mich beginnt wieder der Arbeitsalltag, während Shai die Rolle des Hausmanns einnimmt. Er wird das Auto bekommen, mich morgens zur Arbeit fahren und abends wieder abholen.

In meiner naiven Vorstellung verbringt Shai die Tage mit Windelnwechseln, Mittagsschläfchen und Spaziergängen im Park. In Wirklichkeit hat er die Chabad-Lubawitsch-Bewegung kennengelernt und durch sie Rabbi Daniel Asaria.

Bei dieser Bewegung handelt es sich um eine im 18. Jahrhundert in Weißrussland gegründete chassidische Gemeinschaft. «Chabad» setzt sich aus den Anfangsbuchstaben der hebräischen Wörter Chochma, Bina und Da'at, die «Weisheit», «Verständnis» und «Wissen» bedeuten, zusammen; «Lubawitsch» geht auf den Namen der Stadt zurück, in der die Bewegung ein Jahrhundert lang ihren Sitz hatte. Heute bildet sie einen Hauptstrang des Chassidismus. Ihre Mitglieder, die weltweit aktiv und besonders fromm sind, versuchen, mit ausgeprägtem Bekehrungseifer säkulare Juden zu einer strengen Ausübung ihrer Religion zu bewegen. Man findet sie hauptsächlich in großen Ballungsgebieten, wo viele säkulare Juden leben. Diese werden zu Lesungen aus dem Buch Tanja, dem zentralen Werk der Chabad-Chassidim, zur Feier des Sabbats und zu anderen religiösen Festen eingeladen und angehalten, auch auf offener Straße Gebetsriemen, Tefillin, am linken Arm und an der Stirn zu tragen. Die freudige Hingabe an Gott steht für die Lubawitscher immer im Vordergrund.

Ich habe schon von dieser Bewegung, insbesondere von Rabbi Schneerson, dem siebten und bislang letzten Oberhaupt der Chabad-Dynastie, gehört. Der «Rebbe», wie er auch genannt wird, leitete in Brooklyn ein Zentrum und wird von seinen Anhängern über alle Maßen verehrt und von vielen sogar noch lange nach seinem Tod als der Messias betrachtet.

Während ich mich um den Haushalt kümmere, die Wäsche mache, einkaufe, morgens Milch für Noam abpumpe, Miete und Rechnungen bezahle, verbringt Shai, ohne mir davon zu erzählen, immer mehr Zeit bei den Chabad-Chassidim und widmet sich der Lektüre des Buchs Tanja und seinen Gebeten. Ich gehe davon aus, dass er, nachdem er mich bei der Arbeit abgesetzt hat, den Kleinen im Park spazieren fährt, doch stattdessen studiert er stundenlang in einer Synagoge ohne Sonnenlicht und frische Luft die Thora – Noam liegt im Kinderwagen neben ihm. Doch damit nicht genug. Draußen auf der Straße spricht er Passanten an und sammelt, mit Noam auf dem Arm, Spenden für die Lubawitsch-Bewegung. Dies werde ich jedoch erst später erfahren.

Als Shai und ich einmal mit Noam spazieren gehen, laufen wir Rabbi Asaria über den Weg. Er macht mich sofort misstrauisch. Mit seinem ellenlangen Bart und dem stechenden Blick finde ich ihn irgendwie unheimlich, wie eine Art chassidischen Rasputin. Er lädt uns ein, den Sabbat bei ihm zu verbringen, zufälligerweise wohnt er nur zwei Straßen weiter. Widerwillig begleite ich Shai und stelle überrascht fest, dass unter den zahlreichen Gästen auch viele junge Paare und säkulare Juden sind.

Im Nachhinein bin ich überzeugt, dass sich Shai mit seinem Idealismus und seinem Hang zum Mystischen schnell von diesem Rabbi einnehmen und instrumentalisieren ließ. Die Aussicht, in die Geheimnisse der Kabbala eingeweiht zu werden, war zu verlockend.

Eskalation

Das Jahr 2004 hat begonnen, und Shais Wandlung vollzieht sich immer rasanter. Die Richtung, in die sich unser Alltagsleben entwickelt, und die Geschwindigkeit, mit der sich die Dinge zu Hause verändern, machen mir langsam Angst.

Shai betet nun dreimal täglich. Er fehlt bei keiner rituellen Waschung und bei keinem Dankgebet und geht jeden Morgen vor dem Beten sowie am Abend vor dem Sabbat und vor religiösen Feiertagen ins Ritualbad. Er weigert sich rundweg, abends etwas zu unternehmen, ins Kino oder ins Restaurant zu gehen oder einfach in einem Straßencafé etwas zu trinken. Seine Familie sieht er kaum noch, er entfernt sich von seinen Freunden. Nur bei Tomer, seinem Freund im Rollstuhl, macht er eine Ausnahme. Mit ihm geht er jede Woche schwimmen. Von Daoud, seinem drusischen Freund, möchte er nichts mehr wissen. Unser soziales Leben verödet immer mehr.

An einem Sabbat, als wir auf dem Weg zu Rabbi Asaria sind – ich einige Schritte hinter Shai, den Kinderwagen schiebend, das Haar unter einem Hut verborgen –, zieht sich mein Herz zusammen beim Anblick all der eng umschlungenen Paare und der Menschen, die sich in den Bars und Straßencafés vergnügen. Noch gestern gehörte ich zu dieser ausgelassenen, unbeschwerten Menge. Mit einem Mal ist mir zum Heulen, ich möchte mein früheres Leben zurückhaben.

Ich hole Shai ein. «Warum bist du so extrem geworden?»

«Im Judentum gibt es keine Extreme», antwortet er. «Es gibt nur die Thora und die Gebote.»

Es gibt exakt 613 Gebote in der jüdischen Religion. Falls Shai sie alle zu befolgen gedenkt, wird mein Leben zur Hölle werden. Und ich bin auf bestem Weg dorthin.

Shai verlangt von mir, zweimal wöchentlich nach der Arbeit die Tanja-Kurse zu besuchen, die Rabbi Asaria für Frauen anbietet. Ich mache mit, weil ich hoffe, dass uns das wieder näherbringt. Doch stattdessen wendet er sich immer mehr von mir ab. Abends nach der Arbeit setzt er mich mit dem Kind zu Hause ab und verschwindet dann für Stunden beim Rabbi, ohne mir zu erklären, was er dort genau tut. Morgens kehrt er immer später vom Gebet heim, so dass ich regelmäßig unpünktlich bei der Arbeit erscheine und mir irgendwelche faulen Ausreden einfallen lassen muss: Ich hätte eine Autopanne, Noam sei krank, oder Shai habe einen Zahnarzttermin.

Ich weise ihn darauf hin, dass ich Ärger bekommen könnte.

«Es ist nicht schlimm, wenn du deinen Job verlierst. Gott wird uns helfen.»

Von Respekt, Offenheit und Toleranz ist keine Rede mehr, und dass ich so lebe, wie ich es für richtig halte, ist völlig ausgeschlossen. Mein Mann diktiert mir pausenlos seine neuen Vorschriften. Er zwingt mich zum Beispiel, das ganze Geschirr auszutauschen. Das alte, das er kaschern ließ, ist in seinen Augen nicht mehr rein genug.

Eines Abends, als ich aus der Dusche komme, fährt er mich an: «Zieh dir was über.»

«Bitte?», frage ich.

«Du hast mich schon verstanden. Das ist kein passender

Aufzug. Von jetzt an möchte ich, dass du mir geziemend unter die Augen trittst.»

Ich denke, er scherzt, und fange an zu lachen. Doch Shai verlässt wütend die Wohnung, indem er die Tür zuknallt.

Als er kurz darauf im Ehebett nur mit dem Tzitzit, seinem Gebetsschal, bekleidet Annäherungsversuche unternimmt, kann ich mir das Lachen nicht verkneifen. Diese Episode wird das Ende unserer intimen Beziehung einläuten.

Eines Morgens höre ich beim Aufwachen ein Gluckern und Gebetsgemurmel. Shai hat eine Schüssel Wasser ans Bett gestellt, damit ich mir die Hände wasche, bevor ich unseren Sohn anfasse. Es ist unfassbar! Das geht mir alles zu weit.

Und nicht nur Shais Denken, auch sein Aussehen verändert sich. Nun trägt er keine Jeans mehr, sondern schwarze Hosen und über dem Tzitzit weiße Hemden. Auf dem Kopf trägt er immer die Kippa. Später wird er sie gegen einen Filzhut eintauschen, der über dem langen schwarzen Mantel, mit dem sich die Chassidim traditionell kleiden, in die Höhe ragt.

Der schöne Mann, der mir einmal den Kopf verdreht hat, ist nicht mehr wiederzuerkennen. Und er benimmt sich mir gegenüber geringschätzig. Er geht so weit, mir zu unterstellen, dass die Muttermilch für Noam nicht koscher genug sei, weil man nicht wisse, was ich auswärts esse.

In den wenigen Monaten seit Noams Geburt ist aus meinem Ehemann Shai ein Fremder geworden.

Es ist Frühling, Pessach rückt näher. Die Essensgesetze für dieses Fest, das ganze acht Tage dauert, sind äußerst streng. Alle gesäuerten Lebensmittel werden akribisch aus dem Haus verbannt, das Geschirr muss abgekocht werden, und erlaubt sind nur bestimmte koschere Lebensmittel.

Als ich eines Abends von der Arbeit nach Hause komme, ist die ganze Küche leergeräumt, alle Essensvorräte sind verschwunden. In aller Seelenruhe teilt mir Shai mit, dass er für Pessach alles entsorgt habe. Ich bin außer mir. Wie geht es an, dass er Nahrungsmittel einfach wegwirft und es nicht einmal für nötig hält, sich mit mir abzusprechen?

Shai fängt an zu toben. «Und wann, sag mir, wann wirst du dich endlich wie eine richtige jüdische Ehefrau verhalten? Warum nur habe ich ausgerechnet dich zur Frau gewählt? Du bist zu nichts zu gebrauchen, nicht mal das Haus kannst du für Pessach ordentlich herrichten.»

Kurz nach diesem heftigen Wortwechsel begegne ich zufällig Nathalie, einer belgischen Freundin, die einen Israeli geheiratet hat und die ich seit Jahren nicht mehr gesehen habe. Kurzerhand lädt sie uns am Sabbat zu ihrer Familie ein, sie wollen grillen. Ein Feuer anzuzünden, ist am Sabbat strengstens untersagt, und da sie außerhalb von Tel Aviv leben, müsste ich das Auto nehmen. Offensichtlich ist ihre Familie nicht religiös.

Voller Vorfreude teile ich Shai am Abend meine Pläne mit.

Seine Antwort ist unmissverständlich. «Du wirst am Sabbat nirgendwohin gehen. Außer zur Synagoge oder mit mir zu Rabbi Asaria.»

Ich gebe nicht nach. «Und wenn ich trotzdem fahre?»

«Ich rate dir, es nicht zu tun. Wenn ich dich einschließen muss, dann werde ich das tun. Zwing mich nicht dazu.»

Ungläubig starre ich ihn an. Er droht mir! Wie konnte es so weit kommen? Doch Shai hat die Nase wieder in sein Buch gesteckt und würdigt mich keines Blickes mehr.

Aus Stolz schaffe ich es nicht, mich meinem Umfeld anzuvertrauen. Ich klammere mich an das, was mir von unserer Beziehung noch bleibt. Gegenüber meinen Freunden und den Arbeitskollegen möchte ich weiter das Bild von der erfüllten Mutter und Ehefrau aufrechterhalten. In Wirklichkeit schäme ich mich, dass mir die Situation immer mehr entgleitet, dass ich den Boden unter den Füßen verliere, dass ich nichts mehr im Griff habe.

In meiner Verzweiflung sehe ich nur noch einen Ausweg: Ich bitte Rabbi Asaria um ein Gespräch unter vier Augen. Er gewährt es mir.

«Seit Shai Sie kennt, haben wir kein Familienleben mehr», beginne ich. «Das kann ich nicht hinnehmen. Ich bin bereit, Kompromisse einzugehen. Ich besuche Ihre Kurse, ich gebe mir Mühe, eine gute jüdische Ehefrau zu sein, und vieles mehr. Doch gleichzeitig wünsche ich mir, dass die Dinge wieder wie früher sind, dass Shai arbeiten geht und seine Pflichten als Vater und Ehemann erfüllt. Ich wünsche mir, dass er weniger fordernd ist, was die Religion angeht.»

Der Rabbi hört geduldig zu. Als ich fertig bin, schaut er mich mit seinem durchdringenden Blick an und lächelt kühl. «Meine Liebe, ich gebe Ihnen einen guten Rat. Schließen Sie sich uns an. Sie werden es sonst noch bereuen.»

Es läuft mir kalt den Rücken hinunter. Die Drohung ist nicht einmal verschleiert. «Ist das Ihr letztes Wort?»

«Es ist mein letztes Wort», antwortet er.

Ich verabschiede mich höflich und wende mich zum Gehen. Nun weiß ich, woran ich bin. Wer sonst außer dem Rabbi hätte meinen Mann zur Vernunft bringen können? Doch er hat mich auflaufen lassen, und ich muss erkennen: Shai ist einer der «schwarzen Männer» geworden, über die ich an Silvester 2000 noch Scherze gemacht habe.

Zeit zu handeln

An einem Morgen im Frühling ist der Punkt erreicht, an dem es kein Zurück mehr gibt. Shai hat, wie üblich seit Noams Geburt, das Haus früh verlassen, um beten zu gehen. Ich gebe dem Kleinen zu essen, ziehe ihn an und warte mit ungeduldigem Blick auf die Uhr, dass Shai zurückkommt. Wieder einmal werde ich zu spät bei der Arbeit sein.

Es ist schon heiß. Ich trage an diesem Tag einen langen, klassisch geschnittenen, beigefarbenen Rock, der meine Fußknöchel bedeckt, offene Sandalen und einen engen Rollkragenpullover ohne Ärmel. Als ich Shai die Tür öffne, mustert er mich von Kopf bis Fuß. Seinen Blick werde ich nie vergessen. Ich kann darin Verachtung, auch Hass, beinahe Abscheu erkennen.

Was er mir dann an den Kopf wirft, trifft mich wie ein Faustschlag: «Du glaubst doch nicht etwa, dass du wie eine Prostituierte gekleidet mit meinem Sohn auf die Straße gehen wirst?»

Im ersten Moment bin ich nicht in der Lage, irgendetwas zu erwidern. «Du hast recht, ich werde mich umziehen», sage ich, als ich mich wieder gefangen habe.

Wie ferngesteuert ziehe ich eine Bluse und ein Jäckchen an, tausche die Sandalen gegen geschlossene Schuhe, verberge mein Haar unter einem Hut und streife mir noch Strumpfhosen über, obwohl das Thermometer draußen schon auf fast dreißig Grad geklettert ist.

Als ich mein Bild im Spiegel sehe, weiß ich mit einem Mal, dass es aus ist zwischen uns, dass ich aus dieser Ehe raus und der ganze Spuk ein Ende haben muss. Ich muss diesen Mann verlassen, möchte ich nicht meine Identität, meinen Verstand verlieren.

An diesem Morgen habe ich einen anderen Mann gesehen, einen Fremden, der mich verachtet. Für mich existiert unsere Ehe nicht mehr.

Unter Shais Blick verlasse ich das Haus ganz ruhig, wie in Trance. Doch bei der Arbeit sacke ich vor meiner Chefin zusammen. Als ob ein Deich gebrochen wäre, sprudelt alles aus mir hervor, was ich in den ganzen Monaten für mich behalten habe. Ich erzähle ihr alles, die Feindseligkeit, die Demütigungen, die Verachtung, die Gründe für mein wiederholtes Zuspätkommen. Mich ihr anzuvertrauen, erleichtert mich. Ich gestehe ihr auch, dass ich aus Scham nicht schon früher darüber gesprochen habe.

Meine Chefin, die Shai schon mehrmals begegnet ist, ist fassungslos. Doch sie erklärt mir, dass das Phänomen der Rückbesinnung auf die Religion häufig einen Keil zwischen die Familien treibe, sei es zwischen Eltern und Kindern, Brüdern und Schwestern oder Mann und Frau. Manchmal seien die Konflikte, die hierdurch entstünden, unüberwindbar.

«Wir müssen einen Anwalt finden», schlussfolgert sie.

Um guten Rat ist diese intelligente und verständige Frau nicht verlegen. Mir sind die Gesetze des Landes und die Trennungsformalitäten vollkommen fremd. Wie andere Jüdinnen weiß ich nur, dass der Mann den Scheidebrief, den Get, ausstellen muss und dass dafür ein Gang zum Rabbinatsgericht notwendig ist. Und wie alle Frauen kenne ich die damit verbundenen Risiken: Wird einer Frau die Scheidung verwehrt, bleibt sie eine Aguna, eine «Gebundene», bis sie den Scheidebrief erhält, was Monate, Jahre, wenn nicht ein ganzes Leben dauern kann. Verweigert der Ehemann den Get, kann die Frau nicht wieder heiraten und wird als Ehebrecherin betrachtet, wenn sie wieder eine Beziehung eingeht. Bekommt sie außerhalb der Ehe Kinder, gelten diese als uneheliche Mamserim. Mamserim dürfen keine Juden heiraten außer anderen Mamserim oder zum Judentum Bekehrte, und dies über Generationen hinweg. Dagegen darf ein Mann, der seiner Frau die Scheidung verweigert, mit einer anderen Frau zusammenleben und mit ihr Kinder haben, die vollwertige Juden sind.

Auf keinen Fall darf ich jetzt in Panik geraten und überstürzt handeln. Meine Vorgesetzte hat recht, vor allen Dingen brauche ich einen Anwalt. Und Shai darf nichts davon erfahren.

Igal hat sich auf Familienrecht spezialisiert. Sein Name bedeutet «Er wird befreien», was mir sehr passend erscheint. Heimlich suche ich ihn in seinem Büro auf und lege ihm ohne Umschweife meine Befürchtungen dar. Was, wenn Shai mir die Scheidung verweigert, wenn er mich an sich kettet, mir keine Wahl lässt?

Die Lage ist noch viel komplizierter, als ich dachte. Zum Glück weiß der Anwalt, was auf dem Spiel steht. Unverzüglich erklärt er mir die Besonderheiten des israelischen Rechtssystems. Wir dürfen keine Zeit verlieren und müssen beim zivilen Familiengericht Klage einreichen, bevor sich Shai an das Rabbinatsgericht wenden könnte. Dann nämlich wäre der Fall klar: Ich hätte überhaupt kein Recht mehr auf meinen Sohn.

Igal klärt mich auch auf, dass in Israel alle Fragen, die den Personenstand betreffen, also Heirat, Scheidung, Abstammung, ausschließlich jüdischem Recht unterliegen. Für die Regelung dieser Angelegenheiten gibt es keine zivile oder weltliche Rechtsprechung. Die Scheidung gilt dann als vollzogen, wenn die Frau vor den jüdischen Richtern, den Dajanim, eine handgeschriebene und frei gewährte Erklärung vom Ehemann erhält. Durch sie bekundet er seine Bereitschaft, den Bund der Ehe zu lösen. Im israelischen Rechtssystem ist die Scheidung also nicht durch ein Gerichtsurteil, sondern durch die Ausstellung des Get vor dem Rabbinatsgericht rechtskräftig. Über die eher praktischen Fragen wie das Sorge- und das Besuchsrecht und die Unterhaltspflicht wird unabhängig davon vom zuerst angerufenen Gericht, dem Zivilgericht oder dem Rabbinatsgericht, entschieden, und zwar noch bevor der Get ausgestellt wird. Daher ist es so wichtig, dass wir die Ersten beim Familiengericht sind.

Auch erläutert Igal, dass der Ehemann gemäß der Halacha die Scheidung verlangen kann, indem er geltend macht, dass seine Frau «aufsässig» sei, die monatlichen Besuche im Ritualbad unterlasse oder sich gegenüber ihrem Umfeld «vulgär» verhalten habe.

Wenn Shai diese Argumente vorbringen würde, um mir meinen Sohn wegzunehmen? Der Gang zum Familiengericht duldet in der Tat keinen Aufschub.

Im Rahmen der von uns gewählten Vorgehensweise schlägt Igal vor, das Sorgerecht für Noam und Unterhaltszahlungen zu beantragen und Shai ein regelmäßiges Besuchsrecht einzuräumen. Vor allem aber wird er versuchen, bei den Behörden ein Ausreiseverbot für meinen Sohn zu erwirken. Die Vorstellung, Shai könnte Noam zum Hauptsitz der

Lubawitsch-Gemeinschaft nach New York bringen, sobald er von meiner Trennungsabsicht erfährt, macht mir große Angst. Ich ahne nicht, dass mir diese Maßnahme wenig später selbst zum Verhängnis werden wird.

Mai 2004. In einem Monat wird Noam ein Jahr alt werden. Daheim verhalte ich mich genau wie sonst – den Schein wahren und Shai bloß nicht misstrauisch machen. Gewissenhaft besuche ich die Kurse von Rabbi Asaria und täusche Interesse an den Lehren des «Rebbe» vor. Dieser ernannte sich selbst vor seinem Tod zum «Propheten seiner Generation». Von seinen Anhängern wurde er daraufhin prompt zum neuen Messias erkoren. Für viele Juden handelt es sich dabei um Götzenverehrung, weshalb dieser Glaube häufig abgelehnt wird. Shai hängt dagegen ganz und gar diesem Personenkult an. Auf Schritt und Tritt begleitet ihn der «Rebbe», in jedem zweiten Satz ist von ihm die Rede. Wenn wir den Sabbat bei Rabbi Asaria verbringen, verhalte ich mich genauso. Der Rabbi soll glauben, dass ich seit unserem Gespräch Vernunft angenommen habe. An einem Abend nach dem Kurs lobt mich Asaria gar für meine Fortschritte.

Da ich Noam noch stille, bin ich seit fast einem Jahr von der Pflicht entbunden, ins Ritualbad zu gehen. Doch dieses Glück ist nicht von Dauer, denn irgendwann stellt sich meine Menstruation wieder ein. Shai kann ich es unmöglich verheimlichen, weshalb mir nichts anderes übrig bleibt, als wieder in die Mikwe zu gehen. Als ich zurückkomme, verlangt Shai, dass wir intim werden, und vollzieht sein eheliches Recht in exakt drei Minuten. Er bemerkt nicht einmal, wie unangenehm mir das Ganze ist.

In dieser angespannten Situation kündigen meine Eltern ihren Besuch an. Sie wollen die Geburtstage von Shai und Noam mit uns feiern. Gleich nach ihrer Ankunft weihe ich sie ein, wie unerträglich alles für mich ist. Sie dachten noch, Shai hätte sich beruhigt, und fallen aus allen Wolken.

Am Freitagabend spitzt sich die Lage zu. Aus Versehen betätige ich die elektrische Jalousie, weil ich Noams Kinderwagen vom Balkon hereinholen möchte, den ich dort vergessen habe.

«Wie kannst du es wagen, in meinem Haus den Sabbat zu missachten?», fährt mich Shai an und hebt drohend die Hand. Noch nie habe ich ihn so wütend erlebt. Mein Vater kann sich gerade noch beherrschen, ihn nicht am Kragen zu packen.

Unauffällig beschwöre ich meinen Vater, unter keinen Umständen die Nerven zu verlieren. Es wäre zu riskant für den Prozess, den ich ohne Shais Wissen führe. Mein Vater willigt murrend ein, obwohl er Shai nur allzu gern einmal die Leviten gelesen hätte.

Nicht lange, und ich stelle fest, dass ich wieder schwanger bin: dieser metallische Geschmack im Mund, das unbändige Verlangen nach Coca-Cola, obwohl ich sonst nie einen Schluck trinke. Eine Ultraschalluntersuchung bestätigt meine Befürchtungen, seit sechs Wochen und zwei Tagen bin ich schwanger. Ich breche in Tränen aus. Noam war ein Wunschkind, ein Kind der Liebe. Doch nun erwarte ich das Kind eines Mannes, der mir völlig fremd geworden ist und gegen den ich klammheimlich gerichtlich vorgehe. Schon jetzt steht für mich fest, dass ich unter diesen Umständen das Kind unmöglich behalten kann. Ich bin verzweifelt.

Mein Frauenarzt erkennt meine Not und bietet mir an, die

Abtreibung vorzunehmen. Er rät mir auch, mit Noam so schnell wie möglich in die Schweiz zurückzukehren. «Ich weiß, wozu diese Leute fähig sind. Glauben Sie mir, sie schrecken vor nichts zurück, um Sie an einem Abbruch zu hindern», sagt er. Mit «diese Leute» meint er Shai und seinesgleichen.

Diese Botschaft verfehlt nicht ihr Ziel. Ich informiere meine Eltern, Shai soll nichts von der Schwangerschaft erfahren. Eines Morgens fragt er mich dennoch, ob ich schwanger sei, er hat die Colaflaschen entdeckt. Ich verneine.

Parallel erarbeiten Igal und ich die richtige Strategie. Ich erlebe wahrhaft unwirkliche Momente, deren Höhepunkt zweifellos die große Geburtstagsfeier ist, die Shais Großmutter für Noam ausrichtet. Shai und ich treten als Liebespaar auf, mit dem Sohn in unserer Mitte, dabei bin ich schwanger und mein Ehemann weiß nichts davon. Ebenso wenig weiß er, dass ich hinter seinem Rücken die Scheidung anstrebe.

Doch dann wird Noam krank, eine normale Kinderkrankheit, aber begleitet von hohem Fieber, das heftige Krämpfe auslöst. Er muss sofort ins Krankhaus. Die Fieberkrämpfe ähneln epileptischen Anfällen und schütteln den Kleinen so fürchterlich durch, dass ich mehrmals glaube, ihn zu verlieren. Shai beeilt sich, meiner Mutter die Schuld zuzuschieben, sie habe ihn zu lange an der Sonne gelassen. Wieder muss ich meinen Vater ermahnen, ruhig zu bleiben.

Shai zeigt sich nur selten im Krankenhaus und verabschiedet sich dann rasch wieder, er müsse zum Gebet. Die Gespräche mit den Ärzten überlässt er uns. Meine Eltern sorgen sich sehr, als sie nach Europa zurückkehren. Ich versuche sie, so gut ich kann, zu beruhigen.

In der Zwischenzeit ist die Justizmaschinerie in Gang gesetzt worden, und die Behörden akzeptieren alle Forderungen meines Anwalts. Die Verfügung, dass Noam das Staatsgebiet nicht verlassen darf, wird an sämtliche Polizeistellen weitergeleitet. Als ich eine Kopie davon erhalte, stelle ich verwundert fest, dass sie erst im Jahr 2021, also mit Noams Volljährigkeit, erlöschen wird. Im Klartext heißt das, dass Noam Israel während der kommenden siebzehn Jahre nicht verlassen darf. Das jagt mir einen gehörigen Schrecken ein. Igal beschwichtigt jedoch: Wir hätten diese Maßnahme verlangt, also könnten wir sie auch jederzeit wieder zurücknehmen. Im Moment sei es wichtig, dass von Shai keine Gefahr ausgehe.

Zudem hat die für Familienangelegenheiten zuständige Richterin mir im Eilverfahren das provisorische Sorgerecht für Noam zugesprochen, Shai soll ein Besuchsrecht erhalten. Der Termin für eine gerichtliche Anhörung steht fest. Wie in Trennungsverfahren üblich, wurde einstweilen angeordnet, dass das Sozialamt unsere Situation zu Hause überprüft.

Der Moment ist gekommen, um Shai damit zu konfrontieren, dass ich ihn verlassen werde und die Scheidung verlange. Mir graut davor, ich habe Angst vor seiner Reaktion. Igal und ein befreundetes Paar werden mir beistehen.

Eines Abends, als er mich nach der Arbeit mit Noam zu Hause absetzt und gleich weiter möchte, halte ich ihn auf: «Ich habe dir etwas Wichtiges zu sagen, warte.»

«Ich habe keine Zeit», antwortet er.

«Ich glaube schon. Komm mit hoch», fordere ich.

Zögernd folgt er mir in die Wohnung, wo uns Igal und meine Freunde erwarten.

«Ich verlasse dich, Shai, es ist aus, ich möchte die Scheidung», sage ich freiheraus. «Das Sorgerecht für Noam liegt bei mir. Doch auch deine Rechte werden respektiert, du kannst deinen Sohn regelmäßig besuchen. Von jetzt an werde ich auch nicht mehr zu Rabbi Asaria gehen. Und dieses Wochenende fahre ich mit Noam zu meinen beiden Freunden hier.»

Die Atmosphäre ist zum Zerreißen gespannt. Ungläubig schaut mich Shai an, schaut um sich und schnappt sich dann das Handy, um seinen Rabbi anzurufen. Mir entgeht, was sie miteinander reden, doch zehn Minuten später halten unten vor dem Haus drei Streifenwagen mit Blaulicht, und rund zehn Polizisten stürmen die Wohnung. Die Männer lassen nicht mit sich verhandeln und nehmen uns alle mit auf die zentrale Polizeiwache, um die Sache aufzuklären.

Nun ist Krieg, das steht für mich von diesem Moment an fest.

Die Verhöre dauern bis spät in die Nacht. Shai legt, nachdem die erste Überraschung verflogen ist, eine kalte, beinahe gleichgültige Verachtung an den Tag. Das verheißt nichts Gutes. Selbst die Aussicht, Tel Aviv zu verlassen und das Wochenende abseits des Trubels bei meinen Freunden zu verbringen, kann mich nicht wirklich beruhigen.

Als ich zurückkomme, hat Shai schon sein näheres Umfeld informiert. Sein Vater und dessen Partnerin suchen mich auf und wollen mir weismachen, dass doch alles gar nicht so schlimm sei.

Nicht so schlimm! Zu Hause herrscht Chaos. Shai belegt fortan das Gästezimmer, wo seine Kleider, die Porträts des «neuen Messias», Essensreste und jede Menge Bücher in schönster Unordnung durcheinanderliegen. In nur wenigen Tagen hat sich das Zimmer in eine regelrechte Rumpelkammer verwandelt. Und als ob die Ankündigung vom Ende unserer Beziehung ein Auslöser gewesen wäre, beschleunigt sich auch Shais äußerer Wandel: Er lässt sich einen Bart wachsen und trägt von nun an einen schwarzen Hut und einen schwarzen Mantel. Er kommt und geht nach Belieben und kümmert sich um seine Angelegenheiten, ohne mit mir zu reden.

In der Nachbarschaft werden die Leute indes gesprächiger, als sie von unserer Trennung erfahren. Von den Händlern im Viertel erfahre ich zum Beispiel, dass Shai regelmäßig auf der Straße für die Lubawitsch-Bewegung um Anhänger wirbt und Geld sammelt. Noam hatte er stets bei sich. Ich fasse es nicht.

Mit Igals Hilfe finde ich eine Tagesmutter, in deren Obhut ich Noam gebe, während ich bei der Arbeit bin. Shai scheint sich nichts daraus zu machen, im Moment zumindest.

Ich selbst habe morgens mit Übelkeit zu kämpfen, bin müde und unruhig. Die beständige Angst, Shai könnte meine Schwangerschaft entdecken, sitzt mir im Nacken. Nachts schließe ich mich mit Noam im Schlafzimmer ein. Ich weiß, dass ich, obwohl die Wohnung auf meinen Namen läuft, meinen Mann rein rechtlich nicht vor die Tür setzen kann, weil wir nicht geschieden sind. Und eine andere Wohnung kann ich mir alleine nicht leisten. Anstatt ihn offen darauf anzusprechen, versuche ich, Shai mit anderen Mitteln dazu zu bewegen, auszuziehen: Ich esse nicht mehr koscher, und am Sabbat telefoniere ich mit meinen Eltern und stelle das Radio an. Doch nichts greift. Shai isst in seinem Zimmer, und zudem sitzt jeden Tag, wenn ich von der Arbeit komme, ein halbes Dutzend schwarz gekleideter Männer in meinem Wohnzimmer, ins Studium der Thora vertieft. Ansonsten ist

Shai viel unterwegs. Manchmal kommt er erst um drei oder vier Uhr morgens nach Hause, manchmal erst bei Tagesanbruch.

Am Ende meiner Geduld, setze ich Maya, meine Schwiegermutter, ins Bild. In meiner Naivität glaube ich, in ihr eine Verbündete zu finden. Doch Maya fällt nichts Besseres ein, als ihrem Sohn sofort von der Schwangerschaft und der geplanten Abtreibung zu erzählen. Mit einem Mal ist Shai wie verwandelt. Er schenkt mir Blumen und Schokolade, er schmeichelt mir und fleht mich an, das Kind zu behalten. Weil all dies nicht fruchtet, droht er sodann mit allen Übeln, von der Strafe Gottes bis zur ewigen Hölle. «Das wird dir teuer zu stehen kommen. Ich werde dir alles nehmen, was dir einmal gehört hat, einschließlich Noam, und danach wird dir nur noch zum Heulen sein», verspricht er mir.

Es kommt zur ersten Anhörung vor dem Familiengericht. Meine Nerven liegen blank, für den nächsten Tag ist die Abtreibung geplant. Shai weiß davon. Das wird meinem Anwalt und mir eine unglaubliche Szene bescheren, die sich in den Gängen des Gerichts abspielt, ich höre Igal noch rufen: «Sie sind ja krank!» Shai schlägt Igal tatsächlich einen Tauschhandel vor, ein für ihn stimmiges Geschäft: Er behalte Noam, und ich könne seinetwegen das noch ungeborene Kind haben. Mein Anwalt ist fassungslos. Was für ein Mann und Vater muss Shai sein, um zu einem solchen Kuhhandel imstande zu sein?

Das Urteil der Richterin trägt groteske Züge: Ich erhalte das Sorgerecht für Noam und werde von meinem Mann getrennt, doch wir werden weiter unter einem Dach leben, und Shai hat das Recht, Noam zweimal wöchentlich zu besuchen. Unter diesen Umständen ist die Auflage der Richterin zu einer Familienberatung verständlicherweise zum Scheitern verurteilt, umso mehr, als es sich bei der Beratungsperson, Said, um einen israelischen Araber handelt und Shai aus diesem Grund das Gespräch konsequent verweigert.

Nach der Untersuchung des Sozialamts bekomme ich das definitive Sorgerecht für Noam, und mir wird eine Unterhaltszahlung zugesprochen, von der Shai nie auch nur einen Cent bezahlen wird.

Das Kind lasse ich abtreiben. Es zerreißt mir das Herz, doch ich sehe keine andere Lösung. Und dabei habe ich weiß Gott bis zuletzt auf das Wunder gehofft, dass mein Mann wieder auf den Boden der Realität zurückkommt, meiner Realität. Oft denke ich an mein verlorenes Kind. Dann sage ich mir, dass mich seine kleine Seele leitet und beschützt.

Die Scheidung

Ein Unglück kommt selten allein, und so wird mein Vater schwer krank. Er wird notoperiert, doch sein Zustand bleibt kritisch. Um ihn in Frankreich besuchen zu können, beantrage ich beim Gericht, dass das Ausreiseverbot für Noam provisorisch aufgehoben wird. Doch die Richterin zeigt sich unnachgiebig. Sie geht davon aus, dass ich nicht mehr zurückkommen würde. Nüchtern erklärt sie mir, dass ich dem Großvater doch ein Video von Noam schicken könne. Igal wurde getäuscht. Tatsächlich werde ich das Verbot nicht aufheben können. Noam wird in Israel gefangen sein, und ich mit ihm.

Der Winter ist streng und für mich nur schwer zu ertragen. Noam geht nun in die Krippe und ist häufig krank. Da er nur eine Niere hat, braucht er umso mehr Fürsorge, schon das geringste Fieber unbekannten Ursprungs kann sich verheerend auswirken. Der Gang zum Krankenhaus wird zur Routine, und hat der Kleine das Pech, am Sabbat krank zu werden, muss ich ihn zu Fuß hinbringen, weil sein Vater mir nicht erlaubt, das Auto zu nehmen.

An einem Samstag, als Noam wieder heftige Fieberkrämpfe hat, verstellt mir Shai den Weg und sagt: «Gott wird helfen.» Ich rufe Igal an und lasse einen Krankenwagen kommen. Shai muss uns wütend ziehen lassen.

Mehrere Tage bleibe ich bei Noam im Krankenhaus und

schlafe im Aufenthaltsraum auf dem Boden. Ich bin am Ende meiner Kräfte und muss achtgeben, nicht selbst krank zu werden. Shai lässt sich nicht im Krankenhaus blicken, schickt aber seine Mutter vorbei. Es kommt zu einer hitzigen Diskussion, bei der ich erfahre, dass Shais Familie mich für seinen religiösen Wandel verantwortlich macht. Ich sei schließlich diejenige gewesen, die ihn ermutigt habe, in die Synagoge zu gehen. Es reicht mir.

Als mich die Sozialarbeiterin zu unserer Paarbeziehung befragt, gibt es für mich kein Halten mehr. Ich packe alles aus, berichte ihr, in welchem Klima der Angst ich lebe, von den täglichen Drohungen und Schikanen. Das Sozialamt reagiert sofort und rät in einem offiziellen Schreiben dringend zur Trennung von Tisch und Bett, eine Lebensgemeinschaft unter einem Dach sei nicht mehr tragbar. Überdies verbietet es Shai ausdrücklich, Noam stundenlang in die Synagoge oder auf seine Bekehrungs- und Sammeltouren mitzunehmen.

Noch am selben Nachmittag lasse ich den Brief unter der Tür des Gästezimmers hindurchgleiten. Am Abend schließe ich mich wie immer mit Noam im Schlafzimmer ein. Diesmal habe ich ein Küchenmesser unter mein Kopfkissen gelegt.

Es dauert nicht lange, bis Shai zurückkommt und den Brief entdeckt. Er rastet völlig aus und versucht, mit Fußtritten und Faustschlägen die Tür aufzubrechen. Dazu schreit er: «*I will kill you!* Ich bringe dich um!»

Ich glaube ihm aufs Wort und bin wie gelähmt vor Schreck.

Plötzlich klingelt es, ich höre Stimmen, Besuch für Shai. Ich atme auf. Die Tür fällt ins Schloss, dann höre ich nichts mehr. Vorsichtshalber verbringe ich die Nacht sitzend und vollständig angezogen im Bett, das Kind neben mir.

Am nächsten Morgen ist die erste Anhörung vor dem Rabbi-natsgericht, wo es um die Scheidung gehen soll. Unter den gegebenen Umständen und nach dem Brief des Sozialamts habe ich allen Grund zur Annahme, dass Shai mir den Get verweigern wird.

Igal lässt sich nicht aus der Ruhe bringen. Die Morddrohungen werden Inhalt einer weiteren Anzeige sein, und er wird sie verwenden, um vor Gericht zu meiner Sicherheit ein Annäherungsverbot zu beantragen.

Im Rabbinatsgericht geht es sonderbar zu. Auf der einen Seite sind die Hochzeiten, wo alles eitel Sonnenschein ist, mit Blumen, strahlenden Menschen, heiteren Rabbinern, immer-zu lächelnden Gesichtern; auf der anderen die Scheidungen, die Schattenwelt, wo Männer in Handschellen, genervte An-wälte und von Schlägen gezeichnete Frauen warten, wo laut gesprochen und häufig gedroht wird. In diesem höchst wi-dersprüchlichen Treiben harrt man mitunter Stunden aus und vertreibt sich die Zeit damit, dem Servicewagen nachzu-schauen, der durch die Gänge kurvt und Sandwichs und Ge-tränke anbietet.

Igal und ich warten, eine lange Zeit. Shai wird nicht kom-men, er hat seinen Anwalt nicht bezahlt und wurde daher nicht über den ersten Anhörungstermin informiert. Mein Be-gleiter bemüht sich, mir ein Lächeln zu entlocken, indem er auf einen Mann in Hand- und Fußschellen zeigt, der vor ei-ner Frau mit gebrochener Nase daherschlurft.

«Es ist genau so, wie du denkst. Der Mann hat sie verprü-gelt, dafür sitzt er jetzt im Knast. Am Ende hast du noch Glück gehabt. Immerhin hast du noch deine hübsche Nase.»

In Shais Abwesenheit legen die rabbinischen Richter einen neuen Termin für den Folgemonat fest.

Danach begleitet mich Igal zur Polizeiwache, um Shai wegen der Morddrohung anzuzeigen. Als weitere Zeugin steht mir die Leiterin der Kinderkrippe zur Seite, die berichtet, wie mein Mann ihre Angestellten terrorisiere. Es ist keine religiöse Krippe, und Shai erträgt es nicht, dass sein Sohn von einem schwulen Erzieher und einer Frau afrikanischen Ursprungs beaufsichtigt wird.

Die Familienrichterin, die erneut eingeschaltet wird, ergreift auf der Stelle Schutzmaßnahmen: Während dreier Monate darf Shai die Wohnung nicht mehr betreten, muss einen Abstand von mindestens einhundertfünfzig Meter zu mir einhalten, darf nicht in die Nähe der Krippe kommen und keine Waffe bei sich führen. Auch wird ihm verboten, mich in irgendeiner Weise zu behelligen oder zu belästigen. Von nun an darf er Noam zudem nur noch im Beisein von Sozialarbeitern für jeweils zwei Stunden sonntags und mittwochs sehen.

Von meinen Schultern fällt eine zentnerschwere Last. In den nächsten drei Monaten kann ich endlich wieder durchatmen.

Am nächsten Morgen verlässt Shai die Wohnung bei Tagesanbruch. Als er abends zurückkommt, sind die Türschlösser bereits ausgetauscht worden. Die Entscheidung der Richterin teile ich ihm mit, indem ich das Dokument, wie schon zuvor, unter der Tür durchschiebe. Er tobt. Doch es bleibt ihm nichts anderes übrig, als sich damit abzufinden und unverrichteter Dinge davonzugehen. Ich stelle mich auf Vergeltungsmaßnahmen ein und muss nicht lange warten.

In den folgenden zwei Monaten werden morgens, wenn ich zur Arbeit aufbreche, regelmäßig die Reifen meines Autos zerstochen sein. Ich bemerke auch zwei mir unbekannte, schwarz gekleidete Männer, die ununterbrochen vor meinem Haus stehen und mich auf Schritt und Tritt ausspionieren. Zweifelsohne handelt es sich um Einschüchterungsversuche. Doch wird Shai es auch wagen, handgreiflich zu werden?

Nachdem mein Mann ausgezogen ist, fühle ich mich wie am Ende eines langen Tunnels. Meine Freunde und Bekannten, die er auf Abstand hielt, kommen wieder zu Besuch. Ich genieße es, das zu tragen, was ich möchte, zu essen, was mir schmeckt, die Musik zu hören, die mir gefällt. Endlich kann ich wieder an mein soziales Leben anknüpfen, kann Leute treffen und Noam überallhin mitnehmen. In der Zwischenzeit hat Karine in New York geheiratet. Doch Virginie und Myriam, meine unzertrennlichen Freundinnen, sind immer für mich da und geben mir Rückhalt.

Da ich weiter davon ausgehe, dass ich den Get nie erhalten werde, rufe ich den Schweizer Konsul in Israel an und schildere ihm meine Lage. Ich bin fest entschlossen, in die Schweiz zurückzukehren, falls sich die Situation weiter verschärft.

Er ist sehr freundlich, aber seine Antwort beruhigt mich kaum: «Leider können wir nur wenig für Sie tun, Madame. Wir können nicht in israelisches Recht eingreifen. Ich gebe Ihnen aber die Nummer des Eidgenössischen Justiz- und Polizeidepartements in Bern. Versuchen Sie es bei ihnen.»

Ich versuche mein Glück in Bern und gerate an einen Beamten, dessen Worte mir in Erinnerung bleiben werden: «Madame, haben Sie das Sorgerecht? Sind Sie geschieden? Noch nicht ... Wenn Sie geschieden sind und das Sorgerecht haben, und wenn es Ihnen gelingt, in die Schweiz zurückzukehren, werden Sie in Sicherheit sein. Sie müssen lediglich Ihre Rückreise organisieren, doch dabei können wir Ihnen nicht helfen. Und dieses Gespräch muss unter uns bleiben, Sie verstehen.»

Ich verstehe. Vor allem verstehe ich, dass die Schweiz nicht viel für mich tun wird.

An einem Morgen im Februar 2005 ruft mich Igal an. «Willst du die Scheidung?»

«Selbstverständlich! Was für eine Frage! Wie hast du das geschafft?», frage ich zurück.

«Das wirst du nächste Woche vor Gericht sehen», antwortet er.

Doch ich habe nie erfahren, durch welches Wunder Shai der Scheidung zugestimmt hat.

Am Tag der Verhandlung begebe ich mich mit Igal und meiner Cousine Ayala, die extra aus Jerusalem gekommen ist, aufs Rabbinatsgericht. Fünf oder sechs Richter sitzen in einem Halbkreis im Gerichtssaal. Dann folgt die große Überraschung: Shai gibt mir wider Erwarten den Get.

Die Zeremonie ist genauso symbolisch wie die einer Vermählung, doch die Stimmung ist eine ganz andere. Mein Mann verstößt mich, indem er sich vor mich stellt und mir sagt, dass ich ihm nach dem Gesetz Moses und Israels nicht mehr gehöre, dass ich nicht mehr die Seine und frei bin, einem anderen Mann zu gehören: «Dies diene dir als Scheidebrief von mir, als Entlassungs- und Befreiungsurkunde, so dass du nun gehen kannst, dich mit jedem Mann, den du willst, zu verheiraten.»

Wie es das Ritual vorschreibt, muss ich einige Schritte zurückweichen, um die Verstoßung anzunehmen. Meine Erleichterung über die unerwartete Wende in dieser Angelegenheit ist so groß, dass ich zurückgehe, ohne mir zu viele Fragen zu stellen. Eins, zwei, drei ... ich zähle die Schritte. Danach warte ich den Rest des Tages, bis ich die Scheidungsurkunde erhalte.

Ich habe das sonderbare Gefühl, zum zweiten Mal Witwe geworden zu sein. Shai lebt zwar noch, aber ich kann einfach nichts mehr an ihm finden, was ich kannte, nichts Vertrautes, keinen Anhaltspunkt.

Als ich das Gericht verlasse, bin ich endlich frei. Ich weiß jedoch, dass ich noch nicht am Ziel bin. Das Schwierigste steht mir noch bevor. Ich kann unmöglich geduldig das Jahr 2021 abwarten, wenn Noam volljährig sein wird und das Land verlassen darf. Shai wird immer einen Groll gegen mich hegen, so viel steht fest. Er wird mich nie in Frieden lassen, und ich werde meinen Sohn in diesem Land nie nach meinen Vorstellungen und ohne Zwänge aufziehen können, fernab vom Wahn seines Vaters. Wenn er das Kind jetzt schon auf seine Bittstellergänge im Namen seiner Gemeinschaft mitnimmt, was wird erst sein, wenn Noam lesen und schreiben kann? Wo bringt er ihn dann hin? Wird er ihn für die Lubawitscher einspannen? Werde ich ihn eines Tages wie seinen Vater ganz in Schwarz gekleidet sehen? Wird mein Sohn die Schule verlassen, um sich nur noch dem Gebet und dem Thorastudium zu widmen? Shai hat schon durchblicken lassen, dass er bei Noams Erziehung keine Kompromisse dulde und dass mein Leben zur Hölle werde, wenn ich Noam nicht streng nach den Traditionen erziehe. Und wer sagt mir, dass Shai nicht mit dem Rückhalt seiner Leute und seines Rabbis versuchen wird, mir meinen Sohn wegzunehmen?

Ich verscheuche diese dunklen Gedanken. Mein Entschluss, zu meiner Familie in die Schweiz zurückzukehren, steht fest. Ich will nicht länger unter dem Damoklesschwert leben, morgens aufwachen im Wissen, dass mir hier die Hände gebunden sind. Noam hat das Recht, in einer sorgenfreien Umgebung aufzuwachsen.

Doch im März wird mein Antrag, mit Noam für einen Besuch bei meinen Eltern das Land zu verlassen, ein zweites Mal abgelehnt. Und dabei habe ich zum Zeichen meiner guten Absichten eine Kaution von 20 000 Dollar angeboten. Die Richterin bleibt hart und weist erneut auf die Fluchtgefahr hin. Sie legt eine Kaution von einer halben Million Dollar fest, einer Summe, die ich unmöglich aufbringen kann. Shai erhebt sich im Gerichtssaal und spricht sich ausdrücklich – «unter keinen Umständen, mit oder ohne Kaution» – gegen eine Ausreise aus.

Mir bleibt keine Wahl, ich muss fliehen. Und dafür brauche ich einen Plan.

Mit meiner Schwester, die mich aus der Schweiz besuchen kommt, entwerfe ich mehrere Szenarien. Unsere erste Idee ist, ein Schiff von Zypern oder Griechenland aus zu chartern und an Bord eines kleinen Bootes bis zur israelischen Außengrenze vorzudringen. Dort würden wir auf das Schiff umsteigen und uns ans europäische Festland bringen lassen. Das klingt verlockend, doch die territorialen Gewässer werden mindestens genauso streng bewacht wie ein Grenzposten an Land. Bevor wir das Schiff erreichen würden, hätten uns die Grenzhubschrauber oder die Marine längst ausfindig gemacht.

Eine zweite Möglichkeit wäre, eine Frau zu finden, die ein Kind in Noams Alter hat. Ich würde ihr eine Woche Ferien in der Schweiz respektive Geld anbieten, damit sie meinen Sohn über die Grenze bringt und ihn für ihren eigenen ausgibt.

Doch auch diesen Plan verwerfe ich schnell wieder, da ich weiß, dass die Grenzgängerin es vor allem auf das Geld abgesehen haben könnte und kaum aus Nächstenliebe handeln würde. Und wer garantiert mir, dass sie mich nicht mein Leben lang erpressen würde?

Drittens könnte ich mich auch an die russische oder die israelische Mafia wenden. Nur würde mich das eine Menge Geld kosten. Und zudem fehlen mir die nötigen Kontakte, um mir Zugang zu diesem Milieu zu verschaffen.

Ich fühle mich leer und ausgelaugt, und ich habe Angst. Ich frage mich, was sich hinter diesem allzu einfach erlangten Get verbirgt. Sicherlich führt Shai etwas im Schilde und belässt es nicht dabei. Es ist die Ruhe vor dem Sturm.

Im Übrigen hat er beim Sozialamt sein erstes Gesuch eingereicht: Er verlangt, dass Noam eine religiöse Krippe besucht.

Die Flucht

Da sich eine Flucht auf dem Wasser nicht organisieren lässt, komme ich wieder von der Idee ab, die Grenze heimlich zu überschreiten. Das Risiko wäre zu groß, zumindest für Noam. Ich selbst darf unbehelligt ausreisen. Wir werden den Landweg wählen, über Ägypten.

Über Bekannte lerne ich einen Schleuser kennen. Nach einem ersten Treffen verschwindet er auf mysteriöse Weise. Ein zweiter zeigt mehr Interesse.

Der Mann, den ich Moshe nennen werde, ist sehr diskret. Und misstrauisch. Um sich mit mir in Verbindung zu setzen, hat er sich eigens eine Prepaidkarte zugelegt. Auch ich müsse mir eine besorgen, er akzeptiere nur eine anonyme Nummer. Von nun an habe ich also immer zwei Handys bei mir, von dem eines ausschließlich für eine Person reserviert ist. Manchmal komme ich mir wie in einem schlechten Krimi vor.

Nach einigen Treffen ist die Sache geregelt. Als Entschädigung verlangt er 30 000 Dollar, eine Summe, die ich nicht besitze und mir in der Schweiz leihen muss. Ich soll das Geld auf verschiedene Konten überweisen. Das ist im April 2005.

Von nun an beginnt mein Doppelleben. Tagsüber arbeite ich, nachts bereite ich meine Flucht vor.

Moshe überlässt nichts dem Zufall. Zum Beispiel soll ich überprüfen, ob das Gericht nach meiner Scheidung nicht ohne mein Wissen ein Ausreiseverbot gegen mich verhängt hat. Wir planen also, ein erstes Mal die Grenze zu überqueren, ohne Kind, nur er und ich.

Ich nehme mir einen Tag frei, gebe Noam wie üblich in die Krippe und fliege, anstatt arbeiten zu gehen, nach Eilat. Von dort bringt uns ein Taxi zum Grenzposten von Taba ungefähr zehn Kilometer weiter südlich. Die Erkundungstour verläuft ohne Schwierigkeiten. In Taba passieren wir die Zollstelle, wir trinken auf der ägyptischen Seite einen Tee und kehren noch am selben Tag nach Tel Aviv zurück. Dort angekommen, schlägt mir Moshe mehrere Termine für unser Vorhaben vor. Ich stelle mich auf Ende Mai ein.

Lange diskutieren wir, auf welchem Weg wir das Land am besten verlassen. Schließlich einigen wir uns darauf, dass Moshe zuerst mit Noam, der im Kofferraum versteckt ist, am Posten von Taba über die Grenze fahren wird. Ich werde ihnen allein folgen.

Die Vorbereitungen verlaufen gut, doch je näher das Datum rückt, desto zögerlicher und unentschlossener werde ich. Ich verschiebe den Termin erst um zwei, dann um drei Wochen. Ich brauche noch Zeit, um mich innerlich darauf einzustellen. Vor allem deshalb, weil ich diesmal ganz auf mich alleine gestellt bin. Von meinen verrückten Plänen habe ich niemandem auch nur ein Sterbenswörtchen gesagt, nicht einmal meinen Eltern oder Igal. Nur meine Freundin Sabine und meine Schwester Lynn in der Schweiz habe ich ins Vertrauen gezogen. Gegenüber meiner Chefin erwähne ich nur, dass ich eines Tages nicht mehr bei der Arbeit erscheinen werde und sie sich dann nicht weiter zu sorgen brauche. Mehr sage ich nicht, und ich lege mich mehr denn je ins Zeug, meine Arbeit gut zu machen.

Meine Nächte sind unruhig. In Gedanken gehe ich wieder und wieder meine Flucht durch. Ich weiß, dass man den Grenzposten entweder zu Fuß, mit dem Fahrrad oder mit einem Privatwagen, nicht aber mit einem Mietwagen passieren kann. Für einen Privatwagen sind zudem spezielle Zulassungspapiere sowie eine Transiterlaubnis und ein zusätzlicher Versicherungsschutz für Ägypten erforderlich. Diese Dokumente werden vom israelischen Verkehrsministerium ausgestellt. Ich lasse dabei größte Vorsicht walten, Shai soll keinen Verdacht schöpfen.

Und dann, ungefähr einen Monat vor der Flucht, als alles in die Wege geleitet ist, die nötigen Papiere da sind und mein Auto für den großen Tag von oben bis unten durchgecheckt worden ist, kommt alles ganz anders. Mein zweites Handy klingelt, und Moshe erklärt mir, dass es ihm leid tue, seine Frau sei schwanger, er könne das Risiko nicht eingehen, er könne meinen Sohn nicht über die Grenze bringen.

Für mich bricht eine Welt zusammen. Alle meine Hoffnungen lösen sich in Nichts auf. Ich sage mir, wie idiotisch und naiv es doch von mir war, 30 000 Dollar einer Person anzuvertrauen, von der ich nichts weiß und die mich von heute auf morgen einfach fallen lassen kann. Mir bleibt rein gar nichts mehr, um jemand anderen anzuheuern.

Doch ich gebe mich noch nicht geschlagen. Als sich der erste Schreck gelegt hat, entscheide ich mich, Moshe noch einmal anzurufen.

«Es ist dir zu riskant, das Kind über die Grenze zu bringen, einverstanden. Aber was bietest du mir für den Preis, den ich dir bereits bezahlt habe?», frage ich fordernd.

Moshe bleibt ruhig. Nach einigem Nachdenken schlägt er mir Folgendes vor: «Ich hole dich in Tel Aviv ab und fahre dich mit dem Auto bis Eilat und weiter bis zum Grenzposten von Taba. Von dort musst du dir selbst weiterhelfen und deinen Sohn alleine über die Grenze bringen. Auf der andern Seite hole ich dich wieder ab und fahre dich bis Scharm el-Scheich. Danach schaffe ich das Auto nach Israel zurück.»

Leicht gesagt. Angesichts dieses neuen Szenarios überlege ich mir einen Moment lang, die Strategie zu wechseln. Doch dann begreife ich, dass ich einem anderen Schleuser oder der Mafia nicht mehr vertrauen könnte. Ich habe keine andere Wahl, ich muss seinen Vorschlag annehmen. Also werde ich meinen Sohn selbst außer Landes bringen.

Meine Schwester hat mir aus der Schweiz schon Tickets für den Flug Scharm el-Scheich–Genf geschickt, ausgestellt auf meinen und auf Noams Namen. Zusammen mit unseren Pässen habe ich sie im Büro weggeschlossen. Und ich habe auch daran gedacht, Shais Pass in den Reißwolf zu geben, damit er uns nicht folgen kann oder zumindest gezwungen ist, sich zunächst neue Papiere zu besorgen. Bei der Langsamkeit der israelischen Verwaltung würde dieser Umweg seine Pläne erheblich verzögern. Ich hinterlege auch Vollmachten für meinen Anwalt, damit dieser nach meiner Abreise Versicherungen, Bankkonten und das Mietverhältnis auflösen sowie das Auto verkaufen kann, das Moshe nach Tel Aviv zurückbringen wird. Ich habe an alles gedacht.

Dieses Mal scheint das Glück auf meiner Seite. Den ganzen letzten Winter hindurch war Noam sehr krank und musste mehrmals ins Krankenhaus, doch seit einigen Monaten lässt mich sein Gesundheitszustand aufatmen, und ich hoffe, dass dies so bleibt.

Der Tag der Abreise rückt immer näher. Alles ist für die

Flucht sorgfältig vorbereitet. Da Shai jede Woche zweimal für je zwei Stunden sein elterliches Besuchsrecht wahrnimmt, immer mittwochs und sonntags, müssen wir einen günstigen Zeitpunkt zwischen diesen zwei Wochentagen finden. Unsere Wahl fällt auf einen Donnerstagabend. Am Freitag werde ich in Scharm el-Scheich sein und von dort am Sonntag mit dem ersten Flieger nach Genf weiterreisen. Wenn alles nach Plan verläuft, werden wir am Sonntagnachmittag, zu Shais offizieller Besuchszeit, schon in der Schweiz sein.

In den Tagen vor unserer Abreise spaziere ich mit Noam durch Tel Aviv. Ich suche alle Orte auf, die mir etwas bedeuten, und ich betrachte sie lange, wie um sie mir einzuprägen. Gleichzeitig verspüre ich eine Art Nostalgie und eine Furcht – Nostalgie, weil ich weiß, dass mein Abschied für immer sein wird, dass ich nicht nach Israel zurückkehren kann, sollte mir die Flucht gelingen; und Furcht, weil ich im Falle eines Scheiterns ins Gefängnis kommen werde, und Gott allein weiß, was dann aus Noam würde.

Als der Tag gekommen ist, gehe ich morgens zur Arbeit, ohne mir etwas anmerken zu lassen, auch nicht die Unruhe, die mich fast zerfrisst. Noam ist im Hort. Mittags klingelt das Telefon, ich befürchte schon den nächsten Rückschlag. Doch diesmal ist es mein normales Handy, nicht das des Schleusers. Nachdem Noam seit Monaten nicht mehr krank gewesen ist, teilt mir die Krippe mit, dass ich sofort kommen müsse, mein Sohn habe hohes Fieber.

Reflexartig rufe ich meine Schwester in Genf an. «Was soll ich tun?», frage ich.

Ihre Antwort ist unmissverständlich: «Auch in Ägypten gibt es Ärzte. Alles ist bereit, zieh das jetzt durch! Na los!»

Ihre Bestimmtheit lässt mich ruhiger werden, auch wenn mir mein Mutterherz zuflüstert, dass ich einen kranken Wicht von knapp zwei Jahren unmöglich auf eine so gefährliche Reise mitnehmen kann, dass ich es ihm in seinem Zustand nicht zumuten darf, die Sinaiwüste im Auto zu durchqueren ...

Es bleibt mir nichts anderes übrig, als Noam von der Krippe abzuholen und auf direktem Weg ins Krankenhaus zu bringen. Während die Ärzte die notwendigen Untersuchungen durchführen und ich im Wartezimmer sitze, steigt meine Nervosität. Was, wenn Noam im Krankenhaus bleiben muss? Unser Fluchtprojekt würde sich auf unbestimmte Zeit verzögern.

Doch dann gibt die diensthabende Kinderärztin Entwarnung: «Ihr Sohn hat eine starke Mittelohrentzündung.»

Ich schaue sie erleichtert an. «Eine Mittelohrentzündung? Wenn es weiter nichts ist!», rufe ich aus. Sicherlich wird sie sich denken, was für eine Rabenmutter ich doch bin.

Eine Mittelohrentzündung ist jedenfalls nicht schlimm genug, um unsere Pläne zu gefährden. Der Startschuss ist gefallen, nun heißt es: Augen zu und durch! Noam soll nur nicht fliegen. Doch bis Sonntag werden die Antibiotika sicherlich ihre Wirkung zeigen.

Als ich wieder nach Hause komme, ist mir leichter zumute. Ich werfe einen letzten Blick auf meine vertraute Umgebung, die ich nun verlassen werde. Ich gehe mit leeren Händen. Nur einen kleinen Rucksack habe ich bei mir, in dem sich vor allem die Rechtsdokumente und unsere Papiere befinden sowie eine Babytasche für Noam mit frischer Kleidung und Windeln.

Ich schaue auf die Uhr. Es ist Punkt sechs, Moshe muss jeden Moment da sein. Noam ist auf dem Sofa eingenickt, das Fieber und die Medikamente haben ihn schläfrig gemacht. Mit jeder Minute, die vergeht, wächst meine Unruhe. 19.30 Uhr. Immer noch keiner da, und meine Anrufe bleiben unbeantwortet. Ich befürchte schon, dass es sich der gute Mann im letzten Moment doch noch anders überlegt hat, nachdem er schon einmal das Risiko scheute. Wenn er nicht kommt, werde ich nicht die Kraft haben, die stundenlange Fahrt nach Taba selbst zu unternehmen.

Die Klingel reißt mich aus meinen Gedanken und lässt mein Herz laut schlagen. Er ist da! Und er beruhigt mich, er habe keinesfalls daran gedacht, unseren Plan aufzugeben, doch seine Frau, der er von einem Erholungswochenende auf dem Sinai erzählt habe – unter Israelis eine beliebte Mode –, habe sich partout nicht davon abbringen lassen, ihn zum Flughafen zu begleiten. So habe er warten müssen, bis sie wieder weg war, um sich dann mit dem Taxi ins Zentrum von Tel Aviv fahren zu lassen.

Wir beeilen uns, um nicht noch mehr Zeit zu verlieren, ein weiter Weg liegt vor uns. Ohne jedes Bedauern schließe ich die Tür hinter mir, als ob ich übers Wochenende wegfahren würde. Ich gehe, ohne mich umzudrehen.

Die Strecke nach Taba ist eintönig und kommt mir endlos vor. Gleichzeitig graut mir vor dem Moment, in dem die Grenzstation vor mir auftauchen wird. Noam schläft und bekommt von all dem nichts mit. Moshe und ich haben ihn sorgfältig in einer großen Fischertasche im Heck des Wagens versteckt und um das improvisierte Bettchen Flossen und anderes Tauchzubehör drapiert. In dieser Nacht, in der sich mein Schicksal entscheiden wird, soll ich meine Freunde am Roten Meer treffen. Wir wollen das Wochenende zusammen verbringen und die faszinierende Unterwasserwelt erkunden.

Lynn hat daran gedacht, mir aus der Schweiz einen Sirup zu schicken, der Kindern beim Einschlafen hilft. Ich habe Noam einen Löffel davon gegeben und ihm das Zahnfleisch mit süßem Wein eingerieben, demselben Wein, der zum Heiligen des Sabbats verwendet wird ...

Nachdem wir viele Kilometer schweigend zurückgelegt haben, erreichen wir Arad, eine kleine Stadt in der Negevwüste, rund dreihundert Kilometer von Eilat entfernt. Es ist fast Mitternacht, der Tank ist leer. Ich möchte diesen letzten Halt vor Taba nutzen, um mir die Beine zu vertreten und die trockene Wüstenluft einzuatmen.

Hätte ich das bloß gelassen! Durch das Zuschlagen der Tür wacht der Kleine auf und fängt an zu weinen. Plötzlich sind die Schmerzen seiner Mittelohrentzündung wieder da, und er will sich gar nicht mehr beruhigen lassen. Auf dem Weg nach Eilat und auch während der letzten zehn Kilometer an der Küste entlang weint Noam ununterbrochen. Wir überlegen, anzuhalten und den Rest der Nacht in Eilat zu verbringen, als mein Sohn, vom vielen Weinen erschöpft, wieder einschläft. Es ist nach drei Uhr morgens.

«Der Kleine wird nie besser schlafen», sagt Moshe bestimmt. «Wenn wir bis morgen früh warten, wird dich dein Mut vielleicht verlassen. Nur zu, jetzt oder nie!»

Im Frühsommer, mit den ersten heißen Temperaturen, ist es nicht unüblich, dass Urlauber auch nachts über die Grenze fahren. Von weitem sehe ich schon die gewaltigen Scheinwerfer des Grenzpostens von Taba. Wir sind da.

Moshe macht den Motor aus. «Jetzt bist du an der Reihe.» Er reicht mir die Autoschlüssel.

In Arad habe ich auf seinen Rat hin eine Vierteltablette Valium genommen, aber jetzt, wo ich mich ans Steuer setze, hat mich die Angst wieder fest im Griff, und es kommt mir so vor, als ob das Beruhigungsmittel rein gar keine Wirkung zeige.

Um diese Zeit ist auf den Straßen nichts los, und ich erreiche den Parkplatz des Grenzpostens in wenigen Minuten. Mein kleiner Wagen ist der einzige auf dem großflächigen, taghell erleuchteten Parkplatz. Ich spüre den Blick der Grenzpolizisten in meinem Rücken, sie beobachten mich vom Wächterhäuschen aus. Ich recke und strecke mich demonstrativ und gehe dann betont locker zum Gebäude hinüber, in dem sich die Zollbüros befinden. Trotz der drückenden Hitze klappern mir die Zähne.

Die Würfel sind gefallen, ich trete durch die Schiebetür ins Zollamt ein. Die voll aufgedrehte Klimaanlage sorgt hier drinnen dafür, dass mir der Schweiß augenblicklich auf dem Rücken gefriert.

Ich nähere mich dem Schalter, an dem ich die Ausfuhrsteuer zu entrichten habe.

Ein gut gelaunter Beamter lächelt mich an. «Guten Tag. Für eine Person? Reist du alleine, Isabelle?»

Ich bejahe und möchte das Lächeln erwidern. Doch ich bekomme kaum Luft, und das Blut rauscht in meinen Ohren. Ich stehe kurz davor, in Ohnmacht zu fallen. Am liebsten würde ich ihm alles gestehen: dass es sich um einen Irrtum handle, dass ich es mir anders überlegt und nicht mehr nach Ägypten reisen wolle, dass …

Doch der Zollbeamte stellt keine weiteren Fragen und bittet mich nur, die fällige Steuer zu begleichen. Ich gebe ihm meine Schekel und versuche, das Zittern meiner Hand zu unterdrücken.

Er reicht mir das Rückgeld und die Quittung und fragt: «Brauchst du ägyptische Pfund?»

Auch das noch! Mein Fluchthelfer hat mich nicht darüber aufgeklärt, dass an diesem Schalter auch Geld gewechselt wird, weshalb ich nicht mit dieser Frage gerechnet habe.

Ich tue so, als ob ich nachdenke, und bin geistesgegenwärtig genug, ihm, wenn auch mit unsicherer Stimme, zu erwidern: «Nein ... danke ... Ich habe noch ägyptisches Geld von meiner letzten Reise.» Dabei unternahm ich diese Reise nur probehalber, und sie dauerte gerade einmal zwei Stunden. Ich hoffe, dass der lächelnde Beamte nicht dahinterkommt.

Doch er sagt nur: «In Ordnung. Dann eine gute Reise, Isabelle. Du kannst weiter zur Passkontrolle, immer den Gang entlang.»

Ich bedanke mich. Gegen meine Nervosität stecke ich mir einen Kaugummi in den Mund und kaue so stark, dass mir die Kiefer schmerzen.

Die Passkontrolle liegt ebenso verwaist da wie das restliche Gebäude.

Wie so oft in Israel sitzt eine Frau hinter dem Schalter. Mit entschlossenem Schritt gehe ich auf sie zu und reiche ihr meinen Pass. Schweiß perlt von meiner Stirn, mein Bauch schmerzt. Die Frau nimmt den Pass und klappert auf der Tastatur ihres Computers herum.

Mit einem Mal hält sie inne. Sie schaut mich prüfend an, schaut auf den Pass, schaut wieder mich an. Die Hände in den Taschen, trete ich von einem Bein aufs andere. Sie soll den Eindruck bekommen, dass ich in Gedanken schon beim Urlaub bin. Ich möchte ungezwungen wirken, aber in meinem Kopf gehen die Gedanken wild durcheinander. Was ist los? Gibt es ein Problem? Was sieht sie auf ihrem Bildschirm? Ist doch hinter meinem Rücken ein Ausreiseverbot gegen mich verhängt worden? Auf keinen Fall darf sie mir meine Besorgnis anmerken. Und ich muss mich davor hüten, sie zu fragen, ob etwas nicht stimme. Ruhig bleiben. Warten, bis sie den ersten Schritt macht. Ich denke an Noam, der draußen im Auto schläft. Hoffentlich geht alles gut, hoffentlich hat er nicht wieder Ohrenschmerzen und weint. Vor lauter Aufregung bekomme ich Nasenbluten. Ich habe das Gefühl, dass man das Herz in meiner Brust schlagen sieht, wie in der Eingangsszene von *Midnight Express,* nur dass ich kein Haschisch, sondern meinen Sohn schmuggle.

Ich wühle in meiner Gürteltasche, finde ein Papiertaschentuch und drücke es mir aufs Gesicht. Genau in diesem Moment stempelt die Beamtin meinen Pass und gibt ihn mit einem knappen «Gute Reise!» zurück. Vor Erleichterung verschlucke ich meinen Kaugummi, worauf ich Schluckauf bekomme. Das blutbefleckte Taschentuch in der einen Hand, den Pass in der andern, bewege ich mich so bedächtig wie möglich zum Ausgang, am Typen von der Geldwechselstube vorbei, dem ich kurz zuwinke. Wie um alles in der Welt ist es möglich, dass diese Leute nicht sehen, in welchem Ausnahmezustand ich mich befinde?

Als ich draußen bin, widerstehe ich dem Drang, zum Auto zu rennen. Zum Glück schläft der Kleine. Ich setze mich auf den Fahrersitz, schließe sanft die Tür und atme einige Sekunden durch. Ich weiß, dass es noch nicht geschafft ist, mir bleibt noch die letzte Hürde: Ich muss bei der Kontrolle den gestempelten Pass vorzeigen. Ich hoffe, dass Moshe die Wahrheit gesagt hat und die Grenzpolizei israelische Fahrzeuge nicht durchsucht. Sonst ist es aus. Endgültig.

Ich drehe den Zündschlüssel um, doch der Motor springt nicht an. Panik befällt mich. Das kann nicht sein, ich habe doch an alles gedacht, habe in der Werkstatt ein Vermögen gelassen, um die verdammte Karre auf Herz und Nieren prüfen zu lassen. Ich versuche es erneut. Nichts. Vor meinem inneren Auge läuft in Sekundenschnelle ab, was gleich passieren wird: Die Polizeibeamten werden herbeigeeilt kommen, um mir zur Hand zur gehen, das Kind wird aufwachen, sie werden alles herausfinden …

Ich ziehe mein Handy aus der Tasche und bin im Begriff, Igal anzurufen, ihm zu sagen, in welcher Lage ich mich befinde und dass er mich doch bitte in der Zelle besuchen kommen soll, in der ich diese Nacht noch landen werde. Ich schließe die Augen, und so eigenartig es auch erscheinen mag, ich bete inbrünstig wie nie zuvor: «Gott, ich bitte dich, lass mich von hier fortkommen. Es darf nicht sein, dass alles umsonst war, so kurz vor dem Ziel. Du weißt, wie ich gelitten habe und dass Shai mich nie in Ruhe lassen, mich umbringen würde. Und wenn ich ins Gefängnis müsste, könnte ich nicht meinen Sohn aufwachsen sehen, und er würde nie seine Großeltern kennenlernen.»

Tränen laufen mir übers Gesicht. In meiner Verzweiflung verspreche ich: «Wenn ich hier rauskomme, soll mein Sohn niemals vergessen, woher er kommt.»

Ohne große Hoffnung drehe ich den Schlüssel noch einmal um. Der Motor läuft! Ich schaue in den Rückspiegel, die Polizisten stehen immer noch an ihrem Platz.

Für die letzte Kontrolle vor Ägypten halte ich wieder an. Erneut eine Frau. Sie überprüft den Stempel in meinem Pass. Ohne ihn mir zurückzugeben, beginnt sie, um das Auto herumzugehen, zuerst in die eine Richtung, dann in die andere. Sie besieht sich die Reifen. Mir rutscht das Herz in die Hose, denn im Rückspiegel habe ich deutlich das Füßchen und das Händchen gesehen, die aus der Tasche herausschauen, in der Noam schläft. Und wenn ich sie gesehen habe, gibt es keinen Grund, warum sie sie nicht auch sehen sollte.

Während ich vor mir die heruntergelassene Schranke und drei Meter dahinter das Schild «Welcome to Egypt» betrachte, sehe ich mich schon in Handschellen abgeführt. Mir ist elend zumute.

Hat mich Gott in dieser Juninacht erhört?

Die Frau tritt an mein Fenster. Sie reicht mir den Pass und sagt auf Hebräisch: «Viel Spaß im Sinai!»

Hat sie das Kind entdeckt? Tut sie so, als ob sie es nicht sehen würde? Das soll mich von nun an nicht weiter kümmern. In diesem Moment wird mir bewusst, dass ich Israel verlasse, dass dies wahrscheinlich die letzten Worte sein werden, die ich hier auf Hebräisch höre, dass meine Freiheit vor mir liegt, dass sie die Hand nach mir ausstreckt, drei, zwei, eins …

Ich sehe die Frau an und lächle zum ersten Mal: «Auch dir einen wunderschönen Tag.»

Im nächsten Moment öffnet sich die Schranke, und nach wenigen Metern bin ich in Ägypten, wo mich ein träge in seinem Wächterhäuschen sitzender und vor sich hin paffender Zollbeamter mit gleichgültigem Blick empfängt.

Nun ist Schluss mit dem Versteckspiel. Stolz zücke ich unsere beiden Schweizer Pässe. Der gutmütige Mann meint auf

Englisch: «*Ah, Switzerland, it's the best!*» Am liebsten hätte ich ihn umarmt.

Im Rückspiegel sehe ich, dass Noam die Augen geöffnet hat. Doch mein Kleiner weint nicht, als ob er spürte, dass alles gut ging. Ich steige aus dem Auto und mache ein Freudentänzchen. Noam schaut mich an und lacht bis über beide Ohren.

Während mir der ägyptische Zollbeamte die Transitvignette ausstellt, fülle ich meine Lungen noch einmal mit Wüstenluft. Der Tag bricht schon an, er zeichnet rosafarbene Schatten auf die Berge des Sinai. Ich kann nicht anders, als mich an der Schönheit der Landschaft zu erfreuen, wohl wissend, dass mir dieser Anblick sehr lange verwehrt sein wird. Diese Nacht werde ich nie vergessen.

Moshe hat die Grenze zu Fuß überschritten und stößt kurz darauf zu uns. Zusammen durchqueren wir die Sinaihalbinsel bis Scharm el-Scheich. Gegen Mittag rufe ich meine Familie in der Schweiz an. Ich habe es geschafft. Am Sonntag werde ich in Genf sein!

Bis dahin werde ich in einem Hotel am Roten Meer unterkommen, in dem mir Lynn ein Zimmer reserviert hat. Moshe und ich verabschieden uns in der Eingangshalle. Er soll das Auto nach Israel zurückbringen, damit Igal es verkaufen kann. Auch soll er in meine Wohnung gehen und mir mehrere Kisten mit persönlichen Dingen nachschicken. Er wird nichts davon tun. In der Annahme, das Auto sei registriert, wird er es in Scharm el-Scheich stehen lassen.

Eine Woche später, Anfang August, detoniert vor dem Nachbarhotel eine Autobombe. In den Trümmern entdeckt die ägyptische Polizei zwei Fahrzeuge mit israelischen Transitvignetten. Ich werde nie erfahren, ob mein kleiner Daihatsu, den der Schleuser dort zurückgelassen hat, eines der beiden Autos war.

Vom Hotelzimmer aus benachrichtige ich alle, dass ich endlich frei bin. Ich rufe auch Igal in Tel Aviv an und meine Chefin im Büro. «*I made it!*», sage ich stolz.

Und dann gönne ich mir eine Massage. Mehr denn je habe ich das Bedürfnis, mich zu entspannen, den Druck von mir nehmen zu lassen. Ich kann es noch kaum glauben, dass ich am Swimmingpool auf einer Massagebank liege.

«Keine Ahnung, was Sie gemacht haben. Aber so einen verspannten Rücken habe ich mein Lebtag noch nicht behandelt», meint der Masseur. «Falls Sie morgen noch da sind, kommen Sie unbedingt wieder.»

Teil zwei   **Der Kampf**

Rückkehr in die Schweiz

Das Flugzeug startet in Scharm el-Scheich am frühen Sonntagmorgen. Nach zwei Verwöhntagen unter Palmen im *Hilton Fayrouz* bin ich so entspannt, dass ich mich dabei ertappe, auf dem Weg zum Flughafen Erinnerungsfotos zu schießen. Inmitten all der Urlauber ist mir dort aber doch sonderbar zumute. Ich habe das Gefühl, dass uns Welten trennen, dass dies nur eine kleine Verschnaufpause auf einer Flucht war, die nun weitergeht. Doch dann besinne ich mich und sage mir, dass mir hier nichts geschehen kann. Niemand weiß schließlich, wo ich mich gerade befinde.

Mit Noam auf dem Arm begebe ich mich leicht nervös zur Passkontrolle und versuche, auf dem Gesicht des Zollbeamten irgendeine Regung abzulesen. Dabei besteht kein Grund zur Besorgnis. Ohne ein Zögern drückt er seinen Stempel in unserer Pässe.

Das Flugzeug macht im Badeort Hurghada einen Zwischenstopp. Passagiere steigen zu. Ein Herr setzt sich neben mich und fragt, ob ich schöne Ferien gehabt hätte.

Ich lächle ihn an. «Es waren sehr lange Ferien.»

«Da haben Sie aber Glück.»

«Oh ja, das habe ich.»

Während des Flugs hänge ich meinen Gedanken nach, denke an meinen geplatzten Traum, an alles, was ich hinter mir gelassen habe, an das, was vor mir liegt. Ich lasse die sechs Jahre in Israel an mir vorbeiziehen, meine erfolgreiche

Alija sowie den Abstieg in die Hölle. Ich erinnere mich an den schönen, sportlichen Shai, der anfangs so charmant und offen war und mich mit seinem Idealismus und seinen Wertvorstellungen für sich eingenommen hat. Ich wollte an seiner Seite wachsen, weitere Kinder haben, ihn nach besten Kräften unterstützen und begleiten. Doch er ließ sich von anderen Ideen betören und einnehmen und büßte damit sein kritisches Denkvermögen und seinen freien Willen ein, um als bloße Marionette zu enden. Trotz all meiner Versuche, ihn zur Vernunft zu bringen, konnte ich nur ohnmächtig dem radikalen Wandel zusehen, der sich an ihm vollzog und ihn zu einem Mann machte, der mich gedemütigt, bedrängt, bedroht hat. Was steht uns nun bevor? Wird Shai uns verfolgen und sich rächen? Mir sind noch die Worte des Berner Beamten im Ohr: In der Schweiz würde ich in Sicherheit sein. Ich bin froh, dass ich damals geistesgegenwärtig genug war und nicht locker ließ, bis Shai einem Schweizer Pass für Noam zustimmte. Ohne ihn säßen wir nicht in diesem Flugzeug.

Auch denke ich an Noams und meine Zukunft. Ich fühle mich meinem Versprechen verpflichtet, das ich in der Wüste gegeben habe, auf dem Parkplatz vor dem letzten Grenzposten, als mein Auto nicht anspringen wollte und mir nur noch das Beten blieb. Noam soll seine Wurzeln kennen, den jüdischen Glauben, das habe ich mir fest vorgenommen. Und wenn er größer ist, kann er sich für oder gegen ihn entscheiden. Unter keinen Umständen soll er zu etwas gezwungen werden. Ich möchte meinem Sohn beibringen, dass jeder Jude seine Religion so leben kann, wie er sie versteht, aus freien Stücken.

Aber bis dahin ist noch Zeit. Das Flugzeug senkt sich zum

Landeanflug auf Genf. Mir ist klamm ums Herz, ich kehre wieder dorthin zurück, von wo ich aufgebrochen bin.

Die Heimkehr aus den Ferien ist meist ein freudiges Ereignis. Von der Sonne gebräunte Menschen treffen auf ihre Angehörigen und brennen darauf, ihnen von ihren vielen Erlebnissen zu erzählen. Die Begegnung mit meiner Familie ist selbstverständlich von einer anderen Art und Intensität. Kaum sind wir aus dem Flugzeug ausgestiegen, eile ich mit Herzklopfen in Richtung Ausgang. Ich kann es kaum erwarten, sie alle wiederzusehen. Doch vor der Passkontrolle hat sich eine lange Schlange gebildet, ich muss mich gedulden.

Als ich endlich in die Ankunftshalle trete, sind sie alle da: meine Eltern, meine Schwester und ihr Mann, meine Nichten, die Freunde ... Wir fallen uns in die Arme, lachen und weinen vor Freude. Noam begreift noch nicht richtig, was um ihn vor sich geht, und läuft vergnügt zwischen den Gepäckwagen umher.

Später berichte ich der Familie im Haus meiner Eltern ausführlich von meinen Erlebnissen im Sinai. Meine Eltern wurden von meiner Schwester erst im letzten Moment über alles informiert und zittern noch im Nachhinein. Ich stelle mir vor, wie Shai zum selben Zeitpunkt in Tel Aviv zu seinem Sonntagsbesuch kommt und bemerkt, dass Noam und ich weg sind. Bestimmt wird er mein Verschwinden sofort der Polizei melden.

Ich rufe meinen Anwalt Igal in Tel Aviv an. Um kein Risiko einzugehen, suche ich dafür eine Telefonzelle auf. Er erzählt mir, dass die Polizei bereits bei meiner Arbeitsstelle aufgetaucht sei und meine Kollegen befragt habe. Auch Igal, meine Familie, meine Freunde, die Angestellten in der Krippe und sogar Nachbarn und Händler aus dem Viertel mussten sich ihren Fragen stellen. Ich tat gut daran, den Leuten in meinem Umfeld nichts anzuvertrauen, auch zu ihrem eigenen Schutz. Da keiner im Bilde war, musste die Polizei unverrichteter Dinge wieder abziehen. Igal meint, dass im Moment nichts weiter unternommen werde.

Es wäre dennoch unvorsichtig, länger bei meinen Eltern zu bleiben. Im Falle einer Fahndung würde man mich zuerst bei meinen Angehörigen suchen. Und auch wenn wir uns ganz legal in der Schweiz aufhalten und unsere Papiere in Ordnung sind, möchte ich auf Nummer sicher gehen. Ich weiß, mit wem ich es zu tun habe.

Sabine, eine enge Freundin, bietet mir an, auf unbestimmte Zeit bei ihr unterzukommen. Mit ihren drei Kindern wohnt sie in einem großen Haus an der Waadtländer Riviera auf der Höhe von Vevey, mit einem unverbaubaren Blick auf den Genfer See. Das Haus liegt zwischen Maisfeldern verborgen mitten auf dem Land, am Ende eines Weges, der nirgendwohin führt. Um mich hier aufzuspüren, müsste man schon ganz schön clever sein.

Ein paar Tage später holt uns Sabine bei meinen Eltern ab. Sie quartiert uns bei sich zu Hause ein, kocht für uns, besorgt uns Kleider und all das, was es für den Anfang braucht. Denn außer den wenigen Habseligkeiten, die ich mitnehmen konnte, besitze ich nichts mehr. Alles habe ich in Tel Aviv zurückgelassen, und mittlerweile weiß ich auch, dass es Moshe mit der die Angst zu tun bekommen hat und mir die gepackten Kisten aus der Wohnung nicht mehr nachschicken wird.

Noams Mittelohrentzündung ist abgeheilt. Voller Tatendrang entdeckt er die ihm unbekannte Welt und freut sich über seine neuen Spielgefährten.

Die ersten Tage nach meiner Rückkehr sind seltsam für mich. Wenn morgens der Wecker klingelt, suche ich nach meiner vertrauten Umgebung, ich wähne mich noch in Tel Aviv. Es braucht eine Weile, bis ich begreife, wo ich tatsächlich bin.

In Lausanne treffe ich Monsieur Favre, einen Anwalt und weitläufigen Bekannten. Ich erzähle ihm meine ganze Geschichte, auch die Umstände der Flucht. Er rät mir, mich ruhig zu verhalten, bis Gras über die Sache gewachsen sei. Grund zur Sorge bestehe in seinen Augen vorläufig nicht.

Meine Freundin fährt in den Urlaub und überlässt mir das Haus. Noam und ich können ganz ungestört den schönen Sommer genießen, und ich möchte die Zeit vor allem nutzen, um Arbeit zu finden. Dabei bleibe ich jedoch stets wachsam.

Drei Wochen vergehen, ohne dass Nennenswertes geschieht. Das gibt mir die Gelegenheit, meinen heiß geliebten behördlichen Papierkram zu erledigen, um in der Schweiz wieder Fuß zu fassen. Glücklicherweise haben die helvetische und die israelische Bürokratie nur wenig miteinander gemein, und ich stelle erleichtert fest, dass ich für den Abschluss einer Versicherung oder die Anmeldung bei einer Krankenkasse nicht ganze Tage in den Amtsstuben verbringen muss.

In Sabines Garten kann Noam nach Lust und Laune spielen, während ich meinen Blick über den See und die Berge schweifen lasse und mich an einer Landschaft erfreue, die ich so schnell nicht wiederzusehen glaubte. Tränen der Erleichterung steigen mir in die Augen.

Lausanne

Ich habe Glück und werde wieder von dem Lausanner Konzern angestellt, bei dem ich schon vor meiner Zeit in Israel arbeitete. Meine Kollegen staunen nicht schlecht, als sie mich nach all den Jahren wiedersehen. Die wahren Hintergründe meiner Rückkehr behalte ich allerdings für mich. Gemäß der offiziellen Version wollte ich nach meiner Scheidung wieder nach Europa zurück, und was war da näherliegend, als in die Nähe meiner Familie zu ziehen?

Meine Schwester besorgt mir ein Auto, so dass ich den Weg zwischen Sabines Haus und dem Büro bequem zurücklegen kann. Am Morgen bringe ich Noam zu einer Tagesmutter, und nach der Arbeit hole ich ihn wieder ab.

Als der Sommer zu Ende geht, ziehe ich bei Sabine aus und nehme mir eine Wohnung in Lausanne. Gleich nebenan befindet sich die Synagoge. Will mich das Schicksal an mein in der Wüste gegebenes Versprechen erinnern?

Jetzt, wo ich eine feste Anschrift habe, sind gewisse Maßnahmen nötig, um meine Anonymität zu schützen. Als ich meinen Wohnsitz anmelde, lasse ich mich auf die schwarze Liste setzen, damit mein Name weder im Telefonbuch noch in den Suchmaschinen der Stadtverwaltung erscheint, auf die jeder zugreifen kann. Auch vermeide ich es tunlichst, mit der Kreditkarte zu bezahlen oder mich in sozialen Netzwerken im Internet anzumelden. Ich bemühe mich grundsätzlich, keine Aufmerksamkeit auf mich zu ziehen.

Und das mit gutem Grund, denn wie ich später erfahren werde, hat Shai bereits einen Privatdetektiv auf mich angesetzt, um mich bei meinen Eltern aufzuspüren.

Weil es mir sicherer erscheint, soll Noam tagsüber zu Hause betreut werden. Eine Nachbarin stellt mir Octavio vor, einen jungen Südamerikaner, der Arbeit sucht. Sofort springt der Funke über, und so kommt es, dass sich Octavio ab sofort und für die folgenden zwei Jahre liebevoll um Noam kümmern wird.

Zusammen mit Paulo, einem seiner Freunde, wird er mir rasch zu einer wichtigen Stütze. Auch Paulo kann gut mit Kindern umgehen, so dass ich ihm Noam blind anvertrauen kann, wenn Not am Mann ist. Wie zwei große Brüder werden die beiden den Kleinen umsorgen und enge Freunde von mir werden.

Ansonsten hat sich in Lausanne nicht viel verändert. Mit der Zeit finde ich mich wieder zurecht und richte mir mein Leben im Halbverborgenen ein. Die Leute machen sich über mich lustig, wenn meine israelischen Reflexe zum Vorschein kommen: Die Gewohnheit, beim Betreten eines Restaurants oder eines Geschäfts unvermittelt meine Handtasche weit aufzureißen oder beim Anblick einer herrenlosen Tasche wie verwurzelt stehen zu bleiben, steckt noch tief in mir.

Noam macht große Fortschritte, und seine gesundheitlichen Probleme gehören schon bald der Vergangenheit an. Auch seine einzige Niere entwickelt sich gut. Die Wochenenden verbringen wir bei meinen Eltern im benachbarten Frankreich. Sie sind überglücklich, dass wir in ihrer Nähe sind.

Vier Monate sind seit meiner Rückkehr in die Schweiz vergangen, und noch immer kein Zeichen aus Tel Aviv. Meine israelischen Freunde fehlen mir sehr, auch, weil ich sie so überstürzt und ohne jede Ankündigung verlassen habe.

Als ich Myriam anrufe, erzählt sie mir, dass Shai und seine Mutter bei ihr aufgetaucht seien. Sie beschuldigten sie der Komplizenschaft und behaupteten steif und fest, dass Myriam in mein Fluchtprojekt eingeweiht gewesen sei und wisse, wo wir uns aufhielten. Auch sie musste sich einem strengen Polizeiverhör unterziehen, das jedoch ergebnislos blieb, da Myriam genauso wenig wusste wie die anderen. Mir ist schwer ums Herz bei dem Gedanken, dass ich sie, meine Freunde und die Verwandten lange nicht wiedersehen werde. Ich mache mir Vorwürfe, weil sie dies alles meinetwegen durchmachen mussten. Myriam beruhigt mich: Sie alle hätten meine Not gekannt und gewusst, dass ich keine andere Wahl hatte.

Sie berichtet mir auch, dass Shais Wandlung seit meiner Abreise weiter vorangeschritten sei. Anscheinend kurvt er nun im schwarzen Mantel und mit Hut auf seinen Inlineskates durch die Straßen von Tel Aviv und hält öffentliche Ansprachen, in der Hand eine gelbe Fahne, auf der in großen schwarzen Lettern «Der Messias» steht. Kurz darauf schickt sie mir ein Foto, das durch die Presse ging. Ich bin entsetzt, Shai sieht darauf haargenau wie sein Mentor, Rabbi Asaria, aus.

Verflixter Pass!

Ich bin ausgesprochen gut organisiert und plane die Dinge gerne frühzeitig. Die Winterreifen montiere ich im Oktober, in meinem Tank ist immer Benzin, und Rechnungen bezahle ich gewöhnlich im voraus.

So verliere ich auch keine Zeit, als Noams Pass abläuft. Weil wir jedes Wochenende über die französisch-schweizerische Grenze zu meinen Eltern fahren, ist es mir lieber, wenn alles geregelt ist. Selbst wenn die Grenzen in Europa nicht mehr streng bewacht werden, weiß man nie, ob man nicht an einen pingeligen Zollbeamten gerät. Noam ist bald drei Jahre alt. Fast ein Jahr ist seit unserer Abreise aus Israel vergangen, und ich werte es als ein gutes Zeichen, dass bislang alles ruhig blieb. Von Shai noch etwas zu hören, ist eher unwahrscheinlich. Die ganze Zeit über hat er nie nach seinem Sohn gefragt, und von meinen Freunden habe ich erfahren, dass er wieder geheiratet hat.

Im Mai 2006 gehe ich also aufs Amt, um Noams Pass fristgerecht zu verlängern; einen Monat später würde er seine Gültigkeit verlieren. Der Beamte weist mich darauf hin, dass ich dafür die Bewilligung des Vaters bräuchte. Ich erkläre ihm, dass wir geschieden seien und der Vater in Israel lebe, aber dass das Sorgerecht bei mir liege. Zum Beweis lasse ich einen Auszug aus dem Urteil des Tel Aviver Familiengerichts vom November 2004 aus dem Hebräischen ins Französische übersetzen, aus dem hervorgeht, dass mir das

Sorgerecht für Noam zugesprochen wurde. Alles scheint in Ordnung, ich bin beruhigt. Jetzt müssen wir nur noch warten. Ungefähr drei Wochen, so der Beamte des Passamts.

Als die Zeit um ist, wird mir durch ein Schreiben mitgeteilt, dass die Pässe zum Abholen bereit lägen. Auch meinen Pass habe ich bei dieser Gelegenheit verlängern lassen.

Und genau diesen verflixten Pässen habe ich den nicht enden wollenden Kampf zu verdanken, der nun folgen sollte.

Am Schalter sitzt derselbe Herr. Er schaut mich lange an, schiebt dann die Plexiglasscheibe nach unten, um sie vor mir zu schließen. Er bittet mich zu warten, bis er zurück sei. Es vergehen quälend lange Minuten. Irgendetwas stimmt nicht, irgendetwas ist faul.

Der Mann kommt zurück und sagt verlegen: «Frau Neulinger, es tut mir leid. Auf Anweisung aus Bern darf ich Ihnen die Pässe nicht aushändigen.»

Mein Magen krampft sich zusammen. «Was heißt das, ‹auf Anweisung aus Bern›? Warum denn das?»

«Ich weiß es nicht. So lauten eben die Vorschriften», antwortet er und schließt den Schalter.

Wenn die Anordnung aus der Hauptstadt kommt, muss es ein Problem geben, das alles andere als harmlos ist. Mit einer unguten Vorahnung rufe ich meinen Anwalt an.

Tatsächlich finde ich am nächsten Morgen einen Zettel in meinem Briefkasten, ein Einschreiben liege zum Abholen bereit.

Der Umschlag trägt den bedrohlichen Titel «Vollstreckungsantrag». Schlagartig werde ich mir des Ernsts der Lage bewusst. Mir ist übel, als ich den Umschlag öffne. Was ich lese, übersteigt meine finstersten Befürchtungen: Auf Anordnung des Friedensgerichts des Bezirks Lausanne werden uns die neuen Pässe nicht ausgestellt. Stattdessen fordert man mich auf, die alten Pässe sowie meinen Schweizer und den belgischen Personalausweis bei den Behörden abzugeben. Zudem wird mir unter Androhung von Sanktionen untersagt, das Schweizer Staatsgebiet zu verlassen.

Das Schlimmste aber ist, dass Shai die sofortige Rückkehr von Noam nach Israel verlangt und dafür eine Lausanner Anwältin eingeschaltet hat.

Verwirrt eile ich zu meinem Anwalt. Was geht hier vor? Wie hat uns Shai bloß finden können? Das war, wie mir Monsieur Favre erklärt, nicht allzu schwer: Seit meiner Abreise aus Israel wurde ich von Interpol gesucht. Als ich unsere Pässe verlängern lassen wollte, haben die Schweizer Behörden Interpol davon in Kenntnis gesetzt, die wiederum die israelischen Behörden informierte. Diese reagierten prompt und fuhren schweres Geschütz auf: Sie beschuldigen mich, Shais Rechte verletzt und das israelische Gesetz missachtet zu haben, indem ich mich über das Ausreiseverbot für Noam hinweggesetzt habe; und schließlich hätte ich gegen das Haager Übereinkommen verstoßen, das bei Kindern, die von einem Elternteil widerrechtlich ins Ausland gebracht wurden, die sofortige Rückführung vorsieht.

Die israelische Zentralbehörde, die bei Kindesentführung einschreitet, hat sich daraufhin an die Schweizer Zentralbehörde gewendet, die als Maßnahme höchster Dringlichkeit das Friedensgericht in Lausanne angerufen hat. Im Klartext heißt das, dass das israelische Justizministerium das Eidgenössische Justizdepartement aufgefordert hat, Noams Rückkehr nach Israel unverzüglich in die Wege zu leiten.

Und dann der Todesstoß: Nach israelischem Recht liegt

die elterliche Erziehungsgewalt automatisch bei beiden Elternteilen. Sie umfasst auch das Recht, den Aufenthaltsort des Kindes zu bestimmen. Folglich habe ich, obwohl ich für Noam das Sorgerecht besitze, hinsichtlich der elterlichen Gewalt Shais Rechte und damit das israelische Gesetz verletzt.

Alles dreht sich in meinem Kopf. Fragend schaue ich meinen Anwalt an. «Und jetzt?»

«Jetzt bereiten wir uns auf die Gerichtsverhandlung vor. Sie ist für Ende August angesetzt. Uns bleibt gerade noch die nötige Zeit. Ihr Exmann ist auch geladen.»

Wie ein dunkles Gespenst taucht Shai vor meinem inneren Auge auf. «Das ist nicht wahr!»

«Leider doch», entgegnet Monsieur Favre. «Zusammen mit seiner Anwältin. Ich kenne sie, sie ist auf internationales Privatrecht spezialisiert. Da haben wir eine harte Nuss zu knacken.»

Und dabei war ich gerade dabei, wieder zur Ruhe zu kommen, ein normales Leben zu führen und vor allen Dingen Shai aus meinem Gedächtnis zu tilgen. Es war alles zu schön, um wahr zu sein. Ich hätte wissen müssen, dass er es nicht dabei bewenden lässt. Was geschehen würde, wenn wir nach Israel zurückkehrten, wage ich mir nicht auszumalen. Noch immer klingen mir Shais Worte in den Ohren: «Das wird dich teuer zu stehen kommen. Ich werde dir alles nehmen, einschließlich Noam, und danach wird dir nur noch zum Heulen sein.»

Ich weiß, dass er eine neue Frau hat und wieder Vater geworden ist. Soll er uns doch gefälligst in Frieden lassen!

Mein Anwalt reißt mich aus meinen Gedanken. Zunächst müssen sämtliche in Hebräisch abgefassten gerichtlichen Dokumente übersetzt werden. Danach legen wir uns eine Strategie zurecht. Zum Glück habe ich alle erforderlichen Unterlagen auf meine Flucht mitgenommen. Ich lasse sie von einer Fachagentur ins Französische übersetzen. Es sind Dutzende von Seiten, die mich ein kleines Vermögen kosten.

Ich rufe Igal in Tel Aviv an, um ihn über alles auf dem Laufenden zu halten und ihn zu bitten, mehr über die Hintergründe herauszubekommen. Auch meine Familie fiebert dem Gerichtstermin entgegen.

Die ganze Situation löst bei mir schreckliche Albträume aus. In einer Nacht träume ich, dass ich mit meinem Sohn zum Baden in die Türkei fliege. Als wir zum Anflug ansetzen, verkündet die Flugbegleiterin jedoch, dass die Maschine in Tel Aviv landen werde. Das ist ein abgekartetes Spiel, das Reisebüro steckt mit den israelischen Behörden unter einer Decke, ich sitze in der Falle! Auf dem Rollfeld warten Militärjeeps, doch statt Soldaten in Uniform steigen ultraorthodoxe Juden aus und stürmen auf uns zu, um mich festzunehmen und Noam fortzuschaffen. In diesem Moment erwache ich, die Angst sitzt mir in allen Gliedern, mein Haar ist nassgeschwitzt. Ich renne ins Kinderzimmer, wo Noam friedlich wie ein Engel schläft.

Einige Wochen vor der Anhörung vor dem Friedensrichter bekomme ich ganz überraschend einen Anruf von Igal. Shais zweite Ehefrau hat sich heimlich an ihn gewandt und ihn um Hilfe gebeten. Konkret bat sie ihn, sich mit mir in Verbindung zu setzen und meine Zeugenaussage einzuholen, im Gegenzug bietet sie mir ihre Aussage. Sofort vermute ich dahinter eine Falle und lehne ab. Shai weiß nicht, wo ich wohne, und weil er über die Gerichte nichts herausbekommt, hat er zu einer List gegriffen und schickt seine Frau vor. Igal geht nicht auf meine Mutmaßungen ein, sondern erzählt mir ihre Geschichte.

Irit und Shai heirateten einige Monate nach meiner Abreise, sie hatten sich an einem Sabbat bei Rabbi Asaria kennengelernt. In der Anfangszeit war Shai noch der nette Ehemann, doch sehr schnell wurde er gewalttätig. Nach nur fünf Monaten ließ sie sich von ihm scheiden. Zu diesem Zeitpunkt war sie im vierten Monat schwanger. Shai schlug sie, verfolgte sie. Einmal nach einer heftigen Auseinandersetzung rief Shai seinen Rabbi an. Der riet ihm, die Polizei zu verständigen. Als die Polizisten bei ihnen zu Hause eintrafen, fanden sie eine blutüberströmte Frau vor. Zu Irits Schutz wurde Shai per Gerichtsentscheid untersagt, die Wohnung zu betreten. Nun lebt Irit allein und braucht Hilfe.

Gebannt höre ich Igal zu. Alles fällt mir wieder ein, als ob es gestern gewesen wäre. Asaria, die Polizei, die Drohungen ... Arme Irit, denke ich. Ich schließe die Augen.

«Was möchte sie genau?», frage ich.

«Nur deine Aussage, und du wirst dafür ihre bekommen», versichert mir Igal. «Ich glaube, dass dir ihre eidesstattliche Erklärung für die bevorstehende Gerichtsverhandlung sehr nützlich sein kann. Alles wird über mich laufen, du wirst nicht mit ihr zu reden brauchen.»

«Sag ihr, dass ich einverstanden bin.»

Igal hält Wort und schickt mir wenig später Irits eidesstattliche Erklärung, unterschrieben in seinem Beisein. Er hat recht, diese Zeugenaussage wird vor Gericht viel wert sein. Sie kommt zu den anderen Dokumenten in die Akte.

Die Vorstellung, Shai beim Gerichtstermin wieder zu begegnen, bereitet mir Angst. Ich stelle mir tausend Fragen. Kommt er im schwarzen Mantel und mit Hut? Erscheint er alleine? Wird er handgreiflich gegen mich werden?

Für den Tag der Gerichtsverhandlung haben wir uns gut abgestimmt. Meine Eltern sind frühmorgens aus Frankreich angereist. Meine Mutter wird sich um Noam kümmern, während mein Vater, Octavio und ein paar Freunde mich zum Gericht begleiten werden. Sie sollen als Zeugen auftreten.

Monsieur Favre ist bei mir, als wir vor dem Gerichtssaal warten. Ich bin sehr angespannt und versuche, mir gut zuzureden. Ich sage mir, dass ich hier in Sicherheit bin und Shai mir nichts anhaben kann. Die Anwältin, die ihm von der Schweizer Zentralbehörde zur Vertretung seiner Interessen beigeordnet wurde, geht auf und ab, das Handy zwischen Schulter und Ohr geklemmt. Wir warten auf Shai, doch er kommt nicht.

Die Gerichtspräsidentin bittet uns herein. Shai wird nicht erscheinen, und dies aus gutem Grund: Irit, seine zweite Frau, hat für ihn ein Ausreiseverbot erwirkt, weil er für ihre Tochter keinen Unterhalt bezahlt. So konnte er Israel nicht verlassen, um bei der Verhandlung anwesend zu sein. Mir kommt in den Sinn, dass auch ich für Noam bislang keinen einzigen Schekel gesehen habe.

Die Verhandlung ist eröffnet. Die Präsidentin stellt mir Fragen zu meiner damaligen Situation in Israel. Zum ersten Mal lege ich öffentlich die Umstände meiner Flucht dar. Gefasst erkläre ich, dass ich Israel verlassen habe, um mein Kind einem fanatischen Umfeld zu entziehen und auch um mich selbst zu schützen. Ich erzähle ihnen, wie Shai immer mehr vom rechten Weg abkam und wie sich sein Verhalten veränderte, zum Beispiel als er sich weigerte, unseren kranken Sohn am Sabbat ins Krankenhaus zu fahren. Ich berichte von den Drohungen, den Erniedrigungen, ich lege alles offen. Die Richter hören mir aufmerksam zu. Man hätte eine Stecknadel fallen hören können.

Dann fragt mich die Gerichtspräsidentin, ob ich mir der Risiken bewusst sei und wüsste, was mich bei meiner Rückkehr in Israel erwarte. Offen gestanden, ist mir das genaue Strafmaß nicht bekannt, doch mit Sicherheit würde man mir dort nicht den roten Teppich ausrollen.

Es folgt die Befragung der Zeugen.

Mein Vater ist der erste. Er nimmt kein Blatt vor den Mund und berichtet, wie sehr sein Schwiegersohn versucht habe, seinem ganzen Umfeld seine Sichtweisen aufzudrängen, und dass er sich dabei nicht um unsere persönlichen Freiheiten geschert habe. Er kommt auf die Geschichte mit dem Glühbirnchen zu sprechen und erwähnt auch, wie Shai mir mit erhobener Hand drohte, weil ich am Sabbat die Jalousie hochgefahren hatte. Mit größter Selbstverständlichkeit verkündet er: «Wäre ich mit ihm alleine gewesen, hätte ich ihm einen Tritt in den Hintern verpasst. Doch meine Tochter wollte nicht, dass es zum Eklat kommt, und hinderte mich daran. Er verhielt sich wie im Wahn, sprach nur noch von Gott und der Thora.»

Er sagt auch, dass er Noam für einen heiteren, kontaktfreudigen und klugen Jungen halte, der schon bemerkenswert gut Französisch spreche.

Octavio schlägt ähnliche Töne an. Da er sich den ganzen Tag um Noam kümmert, weiß er am besten, wie glücklich der Kleine ist und dass er sich normal entwickelt. Von mir sagt er, dass ich eine gute Mutter sei.

Ein Freund, der Shai vor der Hochzeit kennenlernte und ihn nach Noams Geburt wiedersah, erzählt den Richtern schließlich noch, wie sich mein Ehemann in kürzester Zeit verändert habe, dass er sich bei seinem zweiten Besuch in der Schweiz weigerte, über etwas anderes als Religion zu reden, und unsere Ferien damit zu einem einzigen Albtraum machte.

Nun haben die Anwälte das Wort.

Monsieur Favre bestätigt, dass mir bei einer Rückkehr nach Israel eine schwere Strafe drohen würde. Auch legt er den Richtern das bekannte Foto vor, das Shai im typischen Aufzug und auf Inlineskates zeigt. Das Foto wird herumgereicht. Die Gerichtspräsidentin fragt mich, ob es sich dabei nachweislich um Shai handle, woran man seine Identität festmachen könne.

Ich zögere keinen Augenblick: «Die Inliner!» Auf einer vergrößerten Aufnahme würde man erkennen, dass die Schuhe von einer bestimmten Marke seien. Ich hätte sie ihm auf unserer ersten Schweizreise geschenkt, ein Detail, das bisher niemand kannte. Die Gerichtspräsidentin nickt.

Shais Schweizer Anwältin pocht auf die Verbindlichkeit des Haager Übereinkommens. Wie ich unlängst zu meiner Bestürzung erfahren musste, sieht dieses Abkommen, das bei internationalen Kindesentführungen greift, vor, dass die Rückführung immer dann angeordnet wird, wenn der Antrag innerhalb eines Jahres nach Verbringen des Kindes gestellt wird.

Als ich von diesem Artikel des Übereinkommens erfuhr, hätte ich mir die Haare raufen können dafür, dass ich beim Verlängern von Noams Pass so gewissenhaft war. Ist die Jahresfrist erst einmal verstrichen, geht das Gericht davon aus, dass sich das Kind in der neuen Umgebung eingelebt hat und eine Rückkehr ins Heimatland nicht mehr zwingend ist. Einen knappen Monat später, und ich wäre aus dem Schneider gewesen. Doch leider habe ich nichts davon gewusst.

Verflixter Pass …

Erste Siege

Laut der Gerichtspräsidentin wird das Friedensgericht sein Urteil «binnen angemessener Frist» fällen. Also warten wir. Ich möchte daran glauben, dass Monsieur Favres Verteidigungsschrift sowie meine Aussage vor Gericht unmöglich ihre Wirkung verfehlen konnten. Während der Anhörung blieb ich ganz ruhig und ließ mein Herz sprechen, als ich mein Leid und die Gründe meiner Flucht schilderte. Werden die Richter Verständnis für uns haben, oder wird die enge Auslegung des Haager Übereinkommens über die Zukunft eines dreijährigen Kindes entscheiden?

Tatsächlich dauert es nicht lange, bis das Urteil bekanntgegeben wird. Zwei Wochen später bestellt mich Monsieur Favre in seine Kanzlei. Mit Erleichterung lese ich die fünfzehnseitige Urteilsschrift ein ums andere Mal. Darin steht, das Gericht erkenne an, dass ich Noam widerrechtlich von Israel in die Schweiz verbracht und damit gegen das Haager Übereinkommen verstoßen hätte. Gleichzeitig wird auf Artikel 13 verwiesen, der in unserem Fall anzuwenden sei. Dieser besagt, kurz gefasst, dass die Verwaltungsbehörde eines Landes nicht dazu verpflichtet ist, ein Kind in sein Ursprungsland zurückzuschicken, wenn die Rückgabe mit einer Gefahr für das Wohl des Kindes verbunden ist. In meinem konkreten Fall bedeutet das, so das Gericht, dass «das noch sehr kleine Kind durch diese Situation einen beträchtlichen körperlichen oder seelischen Schaden davontragen und in eine unzumutbare Lage gebracht werden könnte, die seine Entwicklung und sein persönliches Wohl erheblich gefährden würde».

Weiter heißt es: «Die Mutter verließ das israelische Staatsgebiet, um dem untragbaren Verhalten, das ihr Exmann angenommen hatte, zu entkommen und so das Wohl ihres Kindes zu schützen.»

Noch weiß ich nicht, dass Artikel 13, Absatz 1b des Haager Übereinkommens zu meinem treusten Verbündeten werden sollte.

Das Gericht weist auch darauf hin, dass die Lubawitsch-Bewegung, der sich Shai seit Herbst 2003 angenähert hat, unter säkularen Juden intensiv um neue Anhänger werbe und Jungen ab dem Alter von drei Jahren vorschreibe, Religionsschulen, sogenannte Cheder, zu besuchen. Schließlich wird im Urteil noch erwähnt, dass Shai bereits vom Tel Aviver Sozialamt zur Ordnung gerufen worden sei mit der Begründung, dass er mit seinem Sohn auf offener Straße Anhänger werbe und dass «eine Synagoge kein geeigneter Ort für die Ausübung des Besuchsrechts» sei.

Folglich seien uns die Pässe auszuhändigen, und wir seien damit berechtigt, uns auch außerhalb der Schweizer Grenzen frei zu bewegen. Zudem muss Shai bis auf Weiteres einen Sicherheitsabstand zu Noam und mir einhalten.

Die Richter haben uns also Gehör geschenkt. Doch die gegnerische Partei hat zehn Tage Zeit, um Berufung einzulegen.

Noam ist nun drei Jahre alt. Die Zeit ist gekommen, um mein Versprechen wahrzumachen. Nach dem Ende der Schulferien soll er eine jüdische Schule besuchen. Allerdings möchte ich mich nicht auf einen Weg festlegen, und so ist

Noam unter der Woche abwechselnd im Hort der jüdischen Schule und in einem nichtreligiösen Hort untergebracht.

Leider wird meine Ruhepause vom Gericht nicht lange dauern. Durch seine Anwältin legt Shai umgehend beim Kantonsgericht, der nächsthöheren Instanz, Berufung ein. Das Kantonsgericht ist jedoch ein langsamer und schwerfälliger Apparat, der Zeit braucht, bis er in Gang kommt. Bei den israelischen Behörden werden Erkundigungen eingeholt, welches Schicksal meinen Sohn und mich in Israel erwarten würde. Für Noam wird ein psychologisches Gutachten angeordnet, für das uns ein Kinderpsychologe ausführlich befragt – ganz zum Missfallen der israelischen Zentralbehörde, die dahinter eine Verzögerungstaktik vermutet. Ich hätte mein Kind entführt, ich müsse es nach Israel zurückbringen und für mein Handeln geradestehen. Punkt.

Immerhin hält der vom Gericht bestellte Psychologe fest, dass eine Rückkehr Noams, mit mir oder ohne mich, ein größeres Trauma auslösen könnte.

Wieder warten wir. Monate. Dieses Mal wird es keine Anhörung geben, das Kantonsgericht tagt hinter verschlossenen Türen.

In der Zwischenzeit versuche ich, wieder an mein altes Leben anzuknüpfen und meinen Alltag irgendwie zu bewältigen. Anfang 2007 lerne ich über eine Freundin Mathieu kennen. Er nimmt das Leben, wie es gerade kommt, und ist bereit, mit mir durch Höhen und Tiefen zu gehen.

Nacheinander besuchen mich Myriam und Virginie, meine Freundinnen aus Tel Aviv. Wir schwelgen in Erinnerungen, an unsere kleine Clique und unsere verrückten Streifzüge durch die weiße Stadt.

Sie erzählen mir, dass Shai bereits zum dritten Mal geheiratet und nach Noam noch drei weitere Kinder bekommen habe. Anscheinend ist er zu Rabbi Asarias rechter Hand geworden und ist immer und überall auf seinen Inlineskates und mit Fähnchen unterwegs. Er spricht sogar Leute in Restaurants und Cafés an und versucht, sie zum Unterricht des Rabbis zu überreden.

Frühling 2007. Acht Monate, nachdem das kantonale Gericht sich des Falls angenommen hat, folgt das Urteil. Ein weiteres Mal gibt mir die Schweizer Justiz recht. In dem fast vierzig Seiten umfassenden Urteilsspruch befindet das Gericht, dass in der Streitsache das Wohl des Kindes im Vordergrund zu stehen habe. Wieder beruft es sich auf Artikel 13, Absatz 1b des Haager Übereinkommens und hält fest, dass eine Rückführung Noams nach Israel eine große Gefahr für ihn darstelle. Darüber hinaus wird bemängelt, dass sich die israelische Zentralbehörde zu den ihr gestellten Fragen unzulänglich geäußert habe, weshalb nicht davon auszugehen sei, dass das Wohl des Kindes gewährleistet werden könne.

Ein weiterer wichtiger Sieg, ein Erfolg, auf den mein Anwalt und ich mit Champagner anstoßen.

Doch wir haben die Rechnung ohne Shai und seine hartnäckige Anwältin gemacht. Denn diese geht erneut in Berufung, diesmal vor dem Bundesgericht, und macht dafür eine falsche Auslegung von Artikel 13, Absatz 1b des Haager Übereinkommens geltend. Schon wieder dieser Artikel!

Der Rückschlag

Das Bundesgericht mit Sitz in Lausanne ist der oberste Gerichtshof der Eidgenossenschaft und somit verantwortlich
für die höchste Rechtsprechung in der Schweiz. Zum dritten
Mal verfasst Monsieur Favre eine Verteidigungsschrift. Eine
weitere Hürde, ein weiteres Mal auf das Wohlwollen der
Richter hoffen, wieder diese Ungewissheit. Und immer wieder warten. Monsieur Favre bleibt jedoch zuversichtlich,
schließlich ist uns schon zweimal recht gegeben worden, mit
schlüssig begründeten Urteilen. Warum sollte es vor dem
Bundesgericht anders laufen?

Noam ist vier Jahre alt. Neben Französisch lernt er mit
Octavio Spanisch und mit Paulo Portugiesisch, und im jüdischen Hort, den er einmal wöchentlich besucht, schnappt er
auch ein paar hebräische Wörter auf. Er ist ein fröhliches
und ausgeglichenes Kind.

Im Sommer 2007 wird bei mir ein medizinischer Eingriff
vorgenommen, für den ein Krankenhausaufenthalt erforderlich ist. Kurz nach meiner Entlassung teilt mir mein Anwalt
mit, dass der Urteilsspruch in der darauffolgenden Woche
verkündet werde, also während der Ferienzeit Mitte August.

Für Monsieur Favre handelt es sich um eine reine Formsache, ich müsse nicht extra im Gericht erscheinen und solle
mich lieber auskurieren. Er möchte mich vertreten und mir
das Ergebnis mitteilen. Doch ich habe keine Ruhe. Irgendetwas sagt mir, dass ich bei der Verhandlung besser dabei

sein sollte, und so entschließe ich mich, meinen Anwalt trotz allem zu begleiten.

Eine Verhandlung im Bundesgericht findet dann statt, wenn dies von einem Richter ausdrücklich erwünscht wird oder wenn keine Einstimmigkeit unter den Richtern herrscht. Es wird öffentlich debattiert und abgestimmt, ohne dass die Anwälte Plädoyers halten oder das Wort ergreifen dürfen. Die anwesenden Besucher verfolgen den Schlagabtausch der Bundesrichter also, ohne intervenieren zu können. Jeder Richter spricht in seiner eigenen Sprache, die eine der vier offiziellen Sprachen der Schweiz ist – Deutsch, Französisch, Italienisch oder Rätoromanisch.

Am Tag der Verhandlung geht ein heftiges Gewitter über Lausanne nieder, und wir kommen völlig durchnässt beim Gericht an, einem imposanten neoklassizistischen Bauwerk. Die breiten Treppen, das gewaltige Säulenportal, die ganze feierliche Atmosphäre verstärken meine innere Unruhe.

Zu meinem Erstaunen ist der Gerichtssaal voll, auch viele Journalisten haben sich eingefunden. Wer hat sie wohl eingeladen? Ich habe keine Zeit, Monsieur Favre danach zu fragen. Die Verhandlung beginnt.

Die berichterstattende Richterin führt auf Französisch in den Fall ein und ruft die Sachlage in Erinnerung.

Es fängt vielversprechend an, mir scheint, dass sie auf meiner Seite steht. Und in der Tat schließt sie sich den beiden vorausgehenden Gerichtsentscheiden an. Sie schlussfolgert, dass es für Noam nicht zumutbar sei, nach Israel zurückgebracht zu werden. Sein psychisches Gleichgewicht würde darunter erheblich leiden. Und sie zieht dafür ... Artikel 13, Absatz 1b des Haager Übereinkommens heran.

Erwartungsfroh beuge ich mich zu meinem Anwalt hinüber. «Heißt das, wir haben gewonnen?»

Doch so weit sind wir noch nicht, die Verhandlung hat erst begonnen. Die Richter tragen ihre Standpunkte vor und wechseln dabei von einer Sprache in die andere. Sie reden schnell, und ich habe Mühe, ihrer Unterredung zu folgen. Doch mein Anwalt sieht zunehmend besorgter aus und schüttelt den Kopf.

Das Urteil trifft mich wie ein Schlag ins Genick: Mit vier Stimmen zu einer haben die Richter gegen uns entschieden. Mit dieser klaren Mehrheit wollen sie Noam nach Israel zurückschicken und halten an der strengen Auslegung des Haager Übereinkommens fest. Ihrer Ansicht nach habe ich keine ausreichenden Argumente angeführt, die objektiv die Verweigerung einer Rückführung nach Israel rechtfertigten. Genauso wenig hätte ich den Beweis erbracht, dass ich aufgrund der Entführung mit einer schweren Strafe zu rechnen hätte. Ein großes Risiko bestünde für Noam tatsächlich nur, wenn mein Sohn allein nach Israel zurückmüsste. Wenn ich ihn aber begleitete, sei die Maßnahme ungefährlich. Es könne mir also durchaus zugemutet werden, mit Noam nach Israel zurückzukehren.

Und schon wird über die nötige Frist verhandelt. Eine Richterin spricht sich für drei Monate aus, die anderen vier sind der Meinung, dass fünf Wochen genügten. Die Sache ist abgemacht: Ende September soll Noam wieder in Israel sein. In gerade mal sechs Wochen!

Ich bin wie versteinert und kann mich nicht von meinem Sitz erheben. In meiner Verzweiflung rufe ich den Richtern, die ihre Sachen zusammenräumen, zu: «Und was soll jetzt aus uns werden?»

Die Richterin, die für uns gestimmt hat, schaut mich mitleidig an. Die anderen verlassen den Saal, ohne mich eines Blickes zu würdigen.

Wie in Trance und von Monsieur Favre gestützt, gehe ich nach draußen. Unter Schluchzen teile ich die Neuigkeiten meinen Eltern mit.

Was mir genau droht, habe ich in der Zwischenzeit herausgefunden: Das israelische Gesetz sieht für Kindesentführung eine Freiheitsstrafe von zwanzig Jahren vor.

Noch am selben Nachmittag schickt die israelische Zentralbehörde ein Fax an die Zentralbehörde in Bern, um unseren Rückflugtermin nach Tel Aviv zu erfahren ...

Rüsten zum Kampf

Obwohl ich nie mit einem Journalisten ein Wort gewechselt habe, wird am nächsten Tag in mehreren Tageszeitungen und im Schweizer Radio über meinen Fall berichtet. Immer wird dabei die Frage laut, ob man ein vierjähriges Schweizer Kind so einfach nach Israel zurückschicken könne. Ich ringe mich dazu durch, meine Vorgesetzen und meine Kollegen zu informieren. Durch die Zeitungsmeldungen ist es ohnehin schwierig, anonym zu bleiben, und einige kennen die Artikel bereits.

Achtundvierzig Stunden stehe ich unter Schock, bin nicht ansprechbar, wie gelähmt. Dabei haben wir doch eingehend auf die Gefahr hingewiesen, der Noam in Israel ausgesetzt wäre. Wie können die Richter dieses Urteil mit ihrem Gewissen vereinbaren? Wer wird sich um meinen kleinen Jungen kümmern, wenn ich eingesperrt bin? Wo wird er wohnen? Wird man ihn mir mit Gewalt wegnehmen und ihn in ein Flugzeug mit dem Ziel Tel Aviv stecken?

Auf das Unverständnis folgt wenig später Wut. Die Schweiz kann sich noch so sehr auf das Haager Übereinkommen berufen, doch niemand kann mich dazu bringen, gegen meinen Willen das Land zu verlassen, und das wissen die Behörden sehr wohl. In Wirklichkeit stellen sie mich vor eine perfide und letztlich unmögliche Wahl: Sie unterstellen mir, keine gute Mutter zu sein, wenn ich meinen Sohn nicht nach Israel begleite. Doch wenn ich ihn begleite, werfe ich mich den Löwen zum Fraß vor. Anders gesagt: Entweder lasse ich mein Kind im Stich, oder ich komme ins Gefängnis. Wie man es auch dreht und wendet, ich kann nur verlieren.

Zu alldem drängt sich mir wie auch anderen der Verdacht auf, dass hinter der Entscheidung des Bundesgerichts politische und diplomatische Motive stehen, die ich nicht kenne und niemals werde herausfinden können. Dies würde in den Augen einiger Beobachter auch die Diskrepanz zwischen den beiden ersten Urteilen und dem des Bundesgerichts erklären.

Nach zwei Tagen erwache ich aus meiner Starre. Mit meinem Anwalt ziehe ich Bilanz. Wir haben alle Möglichkeiten ausgeschöpft, außer einer: den Gang zum Europäischen Gerichtshof für Menschenrechte in Straßburg.

Ich werde kämpfen, schließlich geht es um die Zukunft meines Sohnes. Noch weiß ich nicht, wie ich vorgehen werde, aber ich werde ihnen die Stirn bieten. Da sich die Presse schon auf meinen Fall gestürzt hat, werde ich sie nun meinerseits für meine Sache einspannen. Unter einem Pseudonym gebe ich einer Schweizer Wochenzeitung mein erstes großes Interview.

Die Öffentlichkeit muss auf uns aufmerksam gemacht werden. Nur wie?

Zwei Tage später zeichnet sich ein Weg ab: Eine Freundin erzählt mir von der Möglichkeit einer Online-Petition, ein Freund hilft mir, sie zu erstellen, und noch am selben Abend steht sie im Internet. Mit neuem Elan organisiere ich eine Unterschriftenaktion auf der Place Saint-François, einem der belebtesten Plätze in Lausanne. Von der Gewerbepolizei erhalte ich die dazu notwendige Genehmigung, doch der angesetzte Termin ist sehr spät: Erst am 15. September werde ich meinen Stand errichten können, also zwei Wochen bevor die

Frist abläuft, die das Bundesgericht für Noams Rückkehr nach Israel festgelegt hat.

In Belgien machen sich unterdessen meine Freunde von früher für mich stark. Pauline, eine Kollegin, die in der Brüsseler Niederlassung meines Unternehmens arbeitet, ruft mich an und fragt, wie sie mir helfen könne.

«Ich brauche einen Anwalt, der auf internationales Privatrecht und Menschenrechte spezialisiert ist», antworte ich.

«Ich werde mich umhören», verspricht sie.

«Und, Pauline, vor allem brauche ich ein Wunder», füge ich hinzu.

Das Wunder zeigt sich in Gestalt von Alain Lestourneaud, einem französischen Anwalt für internationales Privat- und Personenrecht. Er wurde mir durch Paulines Vermittlung von ihrem Kollegen Antoine, der ebenfalls als Anwalt für unsere Niederlassung in Brüssel tätig ist, nachdrücklich empfohlen. Antoine hat bereits mit ihm gesprochen, Monsieur Lestourneaud erwartet meinen Anruf. So weit, so gut, doch ich kann ihn nicht erreichen, und mittlerweile haben wir schon den 4. September. Als wir uns endlich am Telefon sprechen, hat er sich bereits ein erstes Bild von meinem Fall gemacht und erklärt mir, dass er die Angelegenheit auf der Grundlage der Europäischen Menschenrechtskonvention prüfen möchte. Mit anderen Worten: Er schlägt mir vor, den Europäischen Gerichtshof für Menschenrechte in Straßburg anzurufen.

Wir verabreden uns für den 11. September. Ich habe Glück, Monsieur Lestourneaud wohnt nicht am andern Ende von Frankreich, sondern in Thonon-les-Bains, direkt gegenüber von Lausanne, auf der anderen Seite des Genfersees.

«Das ist eine Bombe!»

Am 11. September komme ich mit meiner vollständigen Akte bei Monsieur Lestourneaud an. Er nimmt sich viel Zeit, um meine Geschichte in allen Einzelheiten zu erfahren.

Als ich mit Erzählen fertig bin, schaut er mich an und sagt: «Liebe Frau Neulinger, ihre Akte ist eine Bombe! In dieser Sache geht es sowohl um internationales Recht als auch um Kinder- und Frauenrecht, um Religionskonflikte, um das Haager Übereinkommen und vieles andere mehr.»

Eine Bombe, na schön. Aber besteht auch der Hauch einer Chance, dass sie uns nicht in den Händen explodiert?

Der Anwalt spielt mit offenen Karten. Er macht keinen Hehl daraus, dass die Erfolgsaussichten fast gleich null sind, obwohl unsere Argumente hieb- und stichfest sind und Shai immerhin schon zwei Niederlagen vor Schweizer Gerichten eingebracht haben.

Am Ende kommen wir noch auf eine Sache zu sprechen, die mich nicht gerade zuversichtlich stimmt: Erst vor kurzem hat das Straßburger Gericht die Klage eines Elternteils in einem ähnlichen Fall abgewiesen. Im Übrigen müsste ich, falls ich das Verfahren weiterführen möchte, mit Kosten in Höhe von mehreren Zehntausend Euro rechnen …

Ich brauche Bedenkzeit. Doch bis Ende September sind es nur noch wenige Wochen.

Am 15. September stelle ich wie geplant meinen Unterschriftenstand im Stadtzentrum von Lausanne auf. Darüber spanne ich ein großes Banner, das Mathieu angefertigt hat und auf dem steht: «Damit Noam in der Schweiz bleiben kann». Freunde, Verwandte und Kollegen sind gekommen, um mich zu unterstützen. Den ganzen Tag lang erklären wir interessierten Passanten die Gründe meines Vorgehens. Ein Kamerateam filmt uns für die Abendnachrichten. Die Aktion ist ein voller Erfolg: Die 15 000 Unterschriften sind gesammelt. Ich möchte sie an die Schweizer Behörden weiterleiten.

Ein unglaublicher Zufall wird an diesem Tag den Dingen eine neue Wendung geben. Ein Herr wird auf meinen Stand aufmerksam und nähert sich. Es stellt sich heraus, dass er Richter in Straßburg ist und in Lausanne lebt. Wir wechseln ein paar Worte, in aller Kürze erläutere ich ihm meinen Fall. Er unterschreibt zwar nicht die Petition, doch er macht mir Mut, indem er mir zu verstehen gibt, dass eine Anrufung Straßburgs möglicherweise nicht umsonst sei: «Man muss es auf jeden Fall versuchen. Viel Glück!»

Ich schlafe nicht mehr. In Gedanken spiele ich jede Möglichkeit durch. Mir ist bewusst, dass ich keine Ruhe finden werde, bevor ich nicht alles versucht habe, um mit Noam hierbleiben zu können. In den Medien ruft der Fall ein starkes Echo hervor, juristische Fachblätter verurteilen und kritisieren offen das Bundesgericht. Die Leute sind überwiegend auf meiner Seite und entrüsten sich über das Los, das einem Kind dieses Alters beschieden ist. Ich entschließe mich, alles auf eine Karte zu setzen und dabei keine Kosten zu scheuen, und wähle den Gang vor den Europäischen Gerichtshof. Das Geld für die ersten Prozessgebühren leihe ich mir.

Am 19. September teile ich Monsieur Lestourneaud meine Entscheidung mit. Nun gilt es, das Verfahren vor dem Gerichtshof zu eröffnen und vor allem Eilanträge zu stellen, damit die auf den 30. September angeordnete Ausweisung Noams aufgehoben wird. Es ist meine einzige Chance, unsere Zukunft hängt davon ab. Ein Rennen gegen die Zeit beginnt.

Am 25. September fährt Monsieur Lestourneaud mit dem Antrag nach Straßburg. Uns bleiben noch genau fünf Tage. Ich weiß, dass sich beim Europäischen Gerichtshof Tausende unbearbeiteter Akten stapeln, und da kommen wir, einige Tage bevor die Frist abläuft, und stellen Eilanträge!

Wieder stellt sich bei mir das alte Fluchtverhalten ein: Stets habe ich eine Tasche in greifbarer Nähe mit allem, was Noam und ich für eine Reise benötigen. Wie im Juni 2005 in Tel Aviv ...

Am 26. September bringe ich Noam in Frankreich an einen sicheren Ort. Sollte es zum Äußersten kommen, weiß ich, was ich zu tun habe: Wenn es mir gelungen ist, aus Israel zu entkommen, gibt es für mich keinen Grund, nicht auch das Risiko einer Flucht aus der Schweiz auf mich zu nehmen. Notfalls werde ich in Südamerika untertauchen. Eines ist jedoch gewiss: Meinen Sohn bekommen sie nicht.

Am 27. September fahre ich um neun Uhr morgens mit dem Auto zur Arbeit, als mich das Klingeln des Handys zusammenzucken lässt. Ich fange an zu zittern, weil ich davon ausgehe, dass unser Antrag abgewiesen wurde. Aber ich habe um ein Wunder gebeten, und das Wunder ist geschehen.

Monsieur Lestourneauds Freude ist deutlich spürbar: Wider Erwarten wurde seinem Gesuch stattgegeben. Der Straßburger Gerichtshof hat per einstweiliger Verfügung die Schweizer Regierung aufgefordert, Noams Rückkehr nach Israel nicht weiter voranzutreiben.

Überwältigt vor Glück baue ich um ein Haar einen Unfall.

Der Europäische Gerichtshof
für Menschenrechte

Die Erleichterung, die ich empfinde, ist unbeschreiblich. Die Schweizer Regierung leistet der Aufforderung Folge und setzt die Rückführungsanordnung außer Kraft. Mein Sohn wird in der Schweiz bleiben, zumindest vorläufig.

Die Nachricht wird von allen Schweizer Medien aufgegriffen und verbreitet sich bis nach Israel, wo sich auch die Öffentlichkeit für den Fall zu interessieren beginnt.

«Wir haben noch nicht gewonnen», stellt Monsieur Lestourneaud klar. Die einstweilige Verfügung ist der erste Schritt in einem Prozess, der sehr langwierig und sehr kompliziert zu werden verspricht. Das Schwierigste steht uns noch bevor: Wir müssen die Richter von der Richtigkeit unseres Antrags überzeugen, sie dazu bringen, ihre Rechtsprechung zu lockern, die in Fragen der Kindesentführung äußerst streng ist. Und vor allem müssen wir sie daran erinnern, das übergeordnete Wohl des Kindes, meines Kindes, nicht aus den Augen zu verlieren.

Bei dem Gedanken, dass ich, eine einfache Mutter, die Schweizer Regierung vor der höchsten gerichtlichen Instanz Europas herausfordere, wird mir schwindlig. Wie anmaßend! Bin ich diesem ungeheuerlichen Unterfangen gewachsen, oder werde ich in der ungleichen Begegnung gnadenlos zermalmt?

Die Antwort aus Israel bleibt nicht aus. Shai hat sich einen israelischen Anwalt genommen und wird im Verfahren als Drittkläger auftreten. Sein Anwalt geht so weit, mich als Kriminelle hinzustellen, die in Israel schon sehnlichst erwartet wird, um für ihre Taten verantwortlich gemacht zu werden. Israelische Journalisten wollen mich interviewen, aber Monsieur Lestourneaud rät mir, mich nicht in der Presse zu äußern.

Obwohl der Gerichtshof unser Anliegen vorrangig behandelt, zieht sich das Verfahren in die Länge. Wieder einmal hängen wir in der Luft. Ich habe gelernt, mit dieser permanenten Anspannung zu leben, stets auf der Hut zu sein. Und die ganze Zeit über tue ich alles, um Noam abzuschirmen und ihm die Kindheit zu ermöglichen, die der eines Kindes in seinem Alter entspricht.

Abends, nachdem ich ihn zu Bett gebracht habe, verlässt mich häufig der Mut. Wenn mich Erschöpfung und Sorgen heimsuchen, frage ich mich, ob ich es schaffen werde, einerseits tagtäglich meiner Arbeit nachzugehen und Noam großzuziehen und andererseits diesen gigantischen Kampf zu führen, um ihn behalten zu können. Warum gerade ich? Warum muss ich das alles durchmachen? Manchmal würde ich mich am liebsten gehen lassen, nur für einen kurzen Moment … Dann sehe ich meinen Sohn selig schlafen und habe wieder die Kraft, um weiterzumachen.

Zum Glück bekomme ich von allen Seiten Hilfe, die Familie, Freunde und Kollegen stärken mir den Rücken. Selbst wildfremde Menschen halten mich auf der Straße an, sagen mir, dass sie mich im Fernsehen oder in der Zeitung gesehen hätten, und reden mir gut zu.

Wenn ich nachts nicht schlafen kann, hole ich die Gerichtsakte hervor und gehe minutiös alle Einzelheiten durch, die meinem Anwalt oder, besser gesagt, meinen Anwälten von Nutzen sein könnten, denn auch Igal und Monsieur Favre verfolgen gespannt von Tel Aviv und Lausanne aus meinen Fall. Ich recherchiere im Internet, ziehe Vergleichsfälle in der Schweiz und Israel zu Rate – nichts möchte ich dem Zufall überlassen, jede noch so kleine Fährte könnte uns dienlich sein. Als absolute Laiin in Rechtsfragen eigne ich mir in nur wenigen Monaten so viele Kenntnisse an wie eine Jurastudentin in ihrem ersten Jahr.

Ende 2007 muss meine Mutter wegen Lungenkrebs stationär behandelt werden. Jedes Mal, wenn wir sie im Krankenhaus besuchen, beglückwünsche ich mich, dass ich geflohen bin und ihr den Enkel mitgebracht habe, den sie über alles liebt. Sie hätte ihn wohl kaum so gut kennengelernt, wenn wir in Israel festgehalten worden wären.

Im Frühjahr 2008, als ich mit Noam und ein paar Freunden gerade in Italien bin, verschlechtert sich ihr Zustand plötzlich, und sie fällt ins Koma. Ich komme zu spät, um sie noch einmal lebend zu sehen. Auch wird sie, wie sie es sich immer gewünscht hat, in Israel beigesetzt. Ich kann nicht dabei sein und werde niemals ihr Grab besuchen können, mein Kummer ist unermesslich. Dass meine Schwester unsere Mutter auf ihrer letzten Reise begleitet, ist mein einziger Trost.

Die Monate vergehen, Noam wird fünf Jahre alt. Seit Beginn des neuen Schuljahrs besucht er die jüdische Schule ganztags. Er blüht dort auf und bekommt einen ausgezeichneten Unterricht, ganz nach jüdischer Tradition. Von all dem, was um ihn vor sich geht, von der Gefahr, die über unseren Köpfen schwebt, bleibt er unbehelligt.

Anfang Dezember 2008 – das Verfahren läuft bereits seit fünfzehn Monaten – teilt uns das Gericht mit, dass sein Urteil für den folgenden Monat zu erwarten sei. Das neue Jahr werden wir also noch mit Warten beginnen müssen. Meine Nerven sind zum Zerreißen gespannt. Frohe Weihnachten auch Ihnen, verehrte Richter!

Um auf andere Gedanken zu kommen, reise ich mit Noam nach Belgien. Mit meinen Freunden von früher verbringen wir eine schöne Zeit, sehen uns Brügge an, fahren an die Nordsee und selbstverständlich nach Brüssel, wo ich Noam das Haus und all die Orte zeige, wo ich aufgewachsen bin.

Am 8. Januar 2008 möchte ich nicht allein sein und suche Zuflucht bei meinem Vater. Das Urteil wird gleich nach Bekanntgabe auf der Website des Gerichts einzusehen sein.

Monsieur Lestourneaud hat in seinem Antrag dargelegt, dass die Schweizer Regierung mit ihrer Anordnung von Noams Rückkehr nach Israel Artikel 8 der Europäischen Menschenrechtskonvention verletzt habe, in dem die Achtung des Familienlebens festgeschrieben ist. Auch macht er einen Verstoß gegen Artikel 6 geltend insofern, als das Bundesgericht das übergeordnete Kindeswohl nicht berücksichtigt habe.

Sieben Richter sind zur Abstimmung aufgerufen, um 11.30 Uhr fällt der Urteilsspruch: Mit vier zu drei Stimmen kommt das Gericht zu dem Schluss, dass die Schweiz nicht gegen die Menschenrechtskonvention verstoßen habe.

Ich habe verloren. Noam wird nach Israel zurückkehren müssen.

Drei Richter haben mir recht gegeben. Sie werden daraufhin von der israelischen Presse scharf angegriffen, die nur ein Detail interessiert: die Bezeichnung der Chabad-Lubawitsch-

Gemeinschaft als «radikal». Auch im Internet hagelt es unfreundliche Proteste, den Richtern, die für mich Partei ergriffen haben, wird Antisemitismus unterstellt.

Das Fernsehen taucht bei meinem Vater auf. Die Medien, die mich unterstützt haben, bitten um ein Interview. Ich versuche, einen kühlen Kopf zu bewahren. Doch in Wirklichkeit bin ich mit den Gedanken ganz woanders. Ich konzentriere mich schon darauf, wie es weitergehen wird. Und vor allem habe ich schreckliche Angst um meinen Sohn.

Die letzte Karte

Alain Lestourneaud lässt sich von diesem äußerst knappen Urteil nicht entmutigen. Er analysiert es gründlich und kommt zu dem Schluss: «Ich glaube, wir sollten es bei der Großen Kammer versuchen. Sind Sie einverstanden?»

Ich bin offen gestanden davon ausgegangen, dass der Europäische Gerichtshof für Menschenrechte die Endstation sei. Daher überrascht es mich, dass eine weitere Berufung möglich ist. Sie ist jedoch die allerletzte Chance, die uns auf unserem langen Marsch durch die Gerichte bleibt.

Monsieur Lestourneaud erklärt mir, dass die Große Kammer des Europäischen Gerichtshofs nur selten angerufen werde. Die Rechtssache müsse schon außerordentlich sein und eine schwerwiegende Frage hinsichtlich der Auslegung der Europäischen Menschrechtskonvention aufwerfen. Nach seiner Einschätzung sind diese Voraussetzungen in unserem Fall erfüllt. Und ich erfahre, dass die provisorischen Maßnahmen, die der Straßburger Gerichtshof angeordnet hat, so lange Bestand haben, wie das Berufungsverfahren läuft. Während der drei Monate, in denen der Ausschuss der Großen Kammer unseren Antrag prüft, kann Noam also weiter in der Schweiz bleiben. Wieder verschwindet das Gespenst einer Zwangsrückführung im letzten Augenblick.

Ich habe nichts zu verlieren und nehme den Vorschlag meines Anwalts an. Von einer guten Freundin leihe ich mir das nötige Geld und gehe wieder einmal aufs Ganze. Monsieur

Lestourneaud reicht fristgerecht unseren Antrag bei der Großen Kammer ein. Lehnt sie ihn ab, ist das Gerichtsurteil bindend. Und die Schweiz wird meinen Sohn ausweisen.

Im Juni wird Noam sechs Jahre alt, was wir zum Anlass nehmen, um mit der Familie für ein paar Tage nach Südfrankreich zu fahren. Genau an Noams Geburtstag ruft mich Monsieur Lestourneaud an: Die Große Kammer wird sich mit unserem Fall befassen. Zudem wird es eine öffentliche Anhörung im Palast der Menschenrechte in Straßburg geben. Als Datum hat der Gerichtshof den 7. Oktober 2009 festgelegt. Zusammen mit Vertretern der Schweizer Regierung werden wir vor Gericht erscheinen.

Ich kann es kaum glauben. Lachend erzählt mir Monsieur Lestourneaud, dass er in den Bergen Forellen geangelt habe, als ihm seine Frau die Nachricht des Gerichts überbrachte. Vor Schreck ließ er den Fisch entkommen, der an seiner Angel hing.

Die Entscheidung des Kammerausschusses lässt in mir die Hoffnung aufkommen, dass wir in den eisigen Gängen der Justiz doch noch auf offene Ohren und Mitgefühl stoßen werden.

Einige Tage später teilt mir Monsieur Lestourneaud mit, dass der Präsident der Großen Kammer, der gleichzeitig Präsident des Europäischen Gerichtshofs für Menschenrechte ist, die einzelnen Parteien zu einer schriftlichen Stellungnahme auf maximal dreißig Seiten auffordere.

Mein Anwalt vollbringt das Kunststück, innerhalb der gesetzten Frist und auf der vorgegebenen Seitenzahl den gesamten Fall Punkt für Punkt abzuhandeln. Er erwähnt selbstverständlich den alles entscheidenden Artikel 13, Absatz 1b, des Haager Übereinkommens, verweist auf die Gefahr für Noam, das drohende Ausreiseverbot und das harte Strafmaß, das mich dort erwarten würde, und kommt auf alle Aspekte zu sprechen, die diesen Fall so außergewöhnlich machen. Zum Beispiel führt er aus, dass mein Fall mit der Internationalisierung menschlicher Beziehungen von großer allgemeiner Bedeutung sei und die vorrangige Achtung der Grundrechte ins Zentrum rücke. Bei einer zu strengen Anwendung des Übereinkommens würde das Wesentliche aus den Augen verloren: der Schutz des Kindeswohls.

Nach der Lektüre von Monsieur Lestourneauds Verteidigungsschrift staune ich über meinen eigenen Optimismus. Angesichts all der Argumente müssten die Richter schon taub und blind sein, wenn sie meinen Sohn bedenkenlos nach Israel zurückschicken würden.

Natürlich erwarte ich nicht, dass von den siebzehn Richtern, die sich entscheiden müssen, alle vom vorherigen Gerichtsurteil abweichen werden. Doch ich wage zu hoffen, dass die Mehrheit auf meiner, auf unserer Seite stehen wird.

Zu diesem Zeitpunkt des Verfahrens hat mein Schweizer Anwalt, Monsieur Favre, eine glänzende und, wie sich später zeigen wird, entscheidende Idee. Er schlägt vor, für mich beim Lausanner Bezirksgericht die alleinige elterliche Erziehungsgewalt zu beantragen. Das Sorgerecht wurde mir zwar schon in Israel zugesprochen, doch die gemeinsame elterliche Erziehungsgewalt, nach der jedes Elternteil auch den Aufenthaltsort des Kindes bestimmen kann, blieb auch für Shai bestehen. Daher habe ich mit meiner Flucht aus Israel gleichzeitig gegen das israelische Gesetz und das Haager Übereinkommen verstoßen. Sollte mir neben dem Sorgerecht auch die alleinige elterliche Erziehungsgewalt zugesprochen werden, würde ich das Haager Übereinkommen nicht weiter verletzen.

Als Hauptargument führt Monsieur Favre an, dass Shai zwar einerseits vehement auf Noams Rückkehr poche, andererseits jedoch weder zu den Gerichtsverhandlungen erschienen sei noch von seinem Besuchsrecht Gebrauch gemacht habe. Er habe sich nie um die Bedürfnisse seines Kindes gekümmert, ja überhaupt kein Interesse an seinem Sohn gezeigt – kein Brief, keine Nachricht, kein Telefonanruf seit dessen Abreise aus Israel. Dagegen wachse Noam in der Schweiz in einem gesunden, ausgeglichenen Umfeld inmitten seiner Familie auf.

Wenn wir in dieser Sache ein günstiges Urteil erwirkten, wäre es für Israel schwieriger, die Rückkehr von Noam und mir zu verlangen. Denn würde Shai die elterliche Erziehungsgewalt entzogen, ist diese Forderung faktisch ohne Grundlage. Und tatsächlich gibt uns das Lausanner Gericht in diesem Punkt vorbehaltlos recht. Womit Israel der Wind aus den Segeln genommen ist.

Die Große Kammer des Europäischen Gerichtshofs für Menschenrechte

So wie Hochleistungssportler für einen Marathonlauf trainieren, bereiten wir uns auf die Verhandlung vor der Großen Kammer vor. Monsieur Lestourneaud hält alle Fäden in der Hand. Zunächst bittet er Monsieur Favre um seine Unterstützung. Er soll alle Entwicklungen rund um das Schweizer Recht beobachten. Sehr überraschend wurde in der Schweiz gerade erst ein Gesetz zur internationalen Kindesentführung verabschiedet, das entführte Kinder besser schützen soll, indem Zwangsrückführungen ins Herkunftsland möglichst vermieden werden und stattdessen auf Schlichtung und Vermittlung gesetzt wird – eine Haltung, die der des Bundesgerichts in unserem Streitfall genau widerspricht. Auch bemüht sich Monsieur Lestourneaud, Igal, meinen israelischen Anwalt, für die Verhandlung zu gewinnen. Und tatsächlich willigt Igal ein, aus Tel Aviv anzureisen. Telefonkonferenzen müssen organisiert und die Rechtsdokumente der letzten vier Jahre für ihn übersetzt werden, da er kein Französisch versteht. Insgesamt werden vier Anwälte jeweils einen Aspekt dieses hochkomplexen Falls vertreten, denn neben Igal und Monsieur Favre wird Monsieur Lestourneaud zusätzlich von seiner Ehefrau und Kanzleipartnerin Patricia Potiez-Lestourneaud unterstützt.

Im Herbst 2009 stehe ich permanent unter Strom. Ich

weiß, dass mir am Ende im schlimmsten Fall nur die Flucht bleibt. Aber ich weigere mich, daran zu denken, vorläufig zumindest.

Dann kommt der 7. Oktober. Unsere kleine Delegation reist nach Straßburg. Neben meinen Anwälten und deren Ehefrauen begleiten mich Mathieu, meine Schwester, mein Schwager und eine Freundin der Familie. Es sind bewegende Momente, als ich Igal nach fünf Jahren wiedersehe.

Schon seit dem Morgen ist das Schweizer Fernsehen mit dabei, doch im Gerichtssaal sind Kameras nicht erlaubt. Mir schlägt das Herz bis zum Hals, weil ich weiß, dass wir vor diesem Gericht, dem höchsten, das man sich vorstellen kann, unsere letzte Karte ausspielen. Als der Gerichtsdiener die siebzehn Richter ankündigt und diese feierlich den großen Gerichtssaal betreten und sich im Halbkreis aufstellen, bin ich aufgeregt wie selten zuvor. Das sind sie also, die Menschen, die über unser Schicksal entscheiden werden. Die Gerichtskameras zeichnen die Verhandlung auf, die später, in mehrere Sprachen übersetzt, auf die Website des Gerichtshofes gestellt wird.

Auch für meine Anwälte ist es ein beinahe historischer Moment, denn eine Anrufung der Großen Kammer kommt nicht alle Tage vor. Der Gerichtssaal ist bis auf den letzten Platz besetzt. Im Publikum sind zahlreiche Staatsanwälte, die interessiert verfolgen, ob ein neuer Präzedenzfall geschaffen wird.

Neben uns sitzen die Vertreter der Schweizer Regierung, die sich über die ganzen Jahre hinweg eisern auf die Seite Israels gestellt und daran festgehalten hat, dass Noam in meiner Begleitung nach Israel zurückkehren müsse. Nun wird sie ihren Standpunkt vor den Richtern zu verteidigen haben. Dass die Regierungsvertreter in ihrem Plädoyer keinen Millimeter davon abrücken, verwundert mich nicht.

Die Schlussplädoyers sind gehalten. Meine vier Anwälte haben dabei die Glanzleistung vollbracht, alle wesentlichen Punkte des Falls aufzugreifen und sie aus verschiedenen Blickwinkeln zu beleuchten.

Der Präsident der Großen Kammer fragt die Richter, ob sie noch Fragen hätten.

Im Vorfeld rechnete Monsieur Lestourneaud mit ein, zwei Gegenfragen. Am Ende werden daraus ganze zwölf Fragen, die an uns gerichtet sind, stichhaltig und sehr präzis. Die Liste ist so lang, dass uns der Gerichtspräsident eine zwanzigminütige Pause zugesteht, um unsere Antworten vorzubereiten.

Ich nutze sie, um kurz nach draußen zu gehen. Mir unbekannte Menschen kommen auf mich zu, schütteln mir die Hand und drücken mir spontan ihr Mitgefühl aus. Ihre Anteilnahme berührt mich. Schon seit einiger Zeit, seit öffentlich über meine Geschichte berichtet wird, erkenne ich, was für ein Potenzial in ihr stecken muss, dass sie sogar in ganz Europa, in Israel, ja selbst in den USA Wellen schlägt.

Der Reihe nach beantworten meine Anwälte die Fragen der Richter und sind dabei wieder einmal klar und prägnant.

Die Anhörung ist beendet, die Richter ziehen sich zur Beratung zurück. Das Urteil soll zu einem späteren Zeitpunkt verkündet werden, doch der genaue Termin wird nicht bekannt gegeben.

Nach der Verhandlung ist Monsieur Lestourneaud sehr schweigsam, Monsieur Favre freut sich über den Verlauf. Doch die Ungewissheit bleibt: Was die Richter tatsächlich denken, ist schwer zu erraten. Wird das Gericht den Mut haben, sein Urteil zu revidieren?

Erneut warten. Schon zum fünften Mal steht unsere Zukunft in den Sternen. Seit fünf Jahren sind unsere Reisetaschen gepackt, fünf Jahre, in denen ich Noams zu klein gewordene Kleidungsstücke aussortiere und durch immer größere Pullover und Jeans ersetze. Fünf Jahre, in denen ich von einem Tag zum nächsten lebe, von Gerichtsurteil zu Gerichtsurteil, ohne je langfristig planen zu können.

Täglich rufe ich die Website des Gerichtshofs auf. Anhand anderer Fälle versuche ich zu erahnen, welche Richtung das Gericht in meinem Fall einschlagen wird. Doch das ist vergeudete Zeit, nichts dringt zu uns durch. Mein Herz fängt an zu rasen, sobald die Nummer eines meiner Anwälte auf dem Telefondisplay erscheint.

Für den Sommer 2010 habe ich Noam in einem Ferienlager in der Schweiz angemeldet. Ende Juni erreicht mich die Nachricht, dass die Große Kammer ihren Beschluss in zehn Tagen bekannt geben wird. Also informiere ich den Leiter des Ferienlagers, dass Noam einige Tage später nachkommen werde, und bringe meinen Sohn Anfang Juli zu meinem Vater nach Frankreich. Es geht um alles oder nichts: Entweder wir gewinnen, und ich kann Noam wieder abholen und ihn ins Ferienlager fahren, oder wir verlieren, und Noam bleibt in Frankreich, bis das weitere Vorgehen feststeht. Als ich zu meinem Vater aufbreche, habe ich an alles gedacht: an unsere beiden Reisetaschen, die Telefonnummern, die Kontakte für falsche Pässe. Wie vor fünf Jahren in Israel gehen mir verschiedene Fluchtszenarien durch den Kopf.

Am 6. Juli 2010 gehe ich wie üblich zur Arbeit. Das Urteil

wird um elf Uhr in Straßburg öffentlich verkündet, aber ich werde nicht vor Ort sein. Diese Blöße möchte ich mir nicht geben. Doch vor allem möchte ich so schnell wie möglich bei Noam sein, falls die Sache schlecht ausgeht.

Um elf Uhr ziehe ich mich mit einer Arbeitskollegin in ihr Büro zurück. Fieberhaft durchsuchen wir die Homepage des Gerichtshofs.

Um elf Uhr dreißig gibt es noch immer keine Neuigkeiten, keinen noch so kleinen Hinweis im Internet. Unruhig trete ich von einem Fuß auf den anderen.

Mein Telefon klingelt. Es ist ein Journalist des Schweizer Fernsehens, der seit der Unterschriftenaktion in Lausanne gewissenhaft über die neusten Entwicklungen in meinem Fall berichtet.

«Guten Tag, Frau Neulinger. Haben Sie das Urteil schon gesehen?»

Vor Aufregung kreische ich mehr, als dass ich spreche: «Nein! Und Sie, haben Sie es gesehen?»

«Ja, habe ich», antwortet der Arme eingeschüchtert.

«Aber wie das? Wie haben Sie das geschafft?» Meine Stimme überschlägt sich fast.

«Ich habe die Pressestelle des Gerichtshofs angerufen.»

«Ja, und?»

«Also, sicher bin ich mir nicht ...»

Ich stehe kurz vor einem Nervenzusammenbruch. «Sie sind sich nicht sicher? Na, hören Sie mal, das ist doch ganz einfach. Ist von einem Verstoß die Rede, habe ich gewonnen, wenn nicht, habe ich verloren. Spannen Sie mich nicht länger auf die Folter, und sagen Sie mir lieber, mit wie vielen Stimmen ich verloren habe!»

Um etwas Ruhe in die Sache zu bringen, schlägt der Journalist vor, mir das Urteil per E-Mail zukommen zu lassen. Ich fasse es nicht.

In der Zwischenzeit ruft ein anderer Journalist an und möchte später am Nachmittag einen Termin für ein Zeitungsinterview.

Doch ich erteile ihm eine Abfuhr. «Ich habe noch nicht einmal das Urteil gesehen.»

«Aber Sie wissen, dass Sie gewonnen haben?», fragt er vorsichtig.

Mir verschlägt es die Sprache.

«Warten Sie, ich lese Ihnen den Anfang der Pressemitteilung vor», fährt er fort und liest: «‹Die Rückgabe eines von seiner Mutter widerrechtlich verbrachten Kindes würde nicht zu seinem Wohle sein und dem Haager Übereinkommen zuwiderlaufen. Verstoß gegen Artikel 8 der …›»

Ich lasse ihn nicht ausreden und stottere: «Aber, aber … können Sie das bitte wiederholen?»

«Und außerdem haben Sie mit sechzehn zu einer Stimme gewonnen.»

Endlich ist auch die Mail des anderen Journalisten eingetroffen, jetzt habe ich es Schwarz auf Weiß. Ich lasse das Telefon sinken. Mein Jubel ist auf dem ganzen Stockwerk zu hören. Die Gefühle überwältigen mich, ich lache, weine, bin unfähig, einen vernünftigen Satz herauszubringen.

Ich rufe meine Anwälte an, meinen Vater, Mathieu, meine Schwester und ihren Mann. Alle sind völlig baff und fragen mich, ob ich mich auch nicht verlesen hätte, ob ich mir ganz sicher und alles kein Irrtum sei.

Diesmal haben wir also gewonnen, unsere Argumente haben gesiegt. Mit sechzehn zu einer Stimme betrachtet die Große Kammer es als erwiesen, dass eine Rückführung

Noams gegen Artikel 8 der Europäischen Menschenrechtskonvention verstoßen würde, der die Achtung des Privat- und Familienlebens behandelt.

Anders als bei früheren Entscheiden ist der Urteilstext in dieser Hinsicht ganz klar: «Im Bemühen, allen auf dem Spiel stehenden Interessen gerecht zu werden – denen des Kindes, der beiden Eltern sowie der öffentlichen Ordnung –, ist das übergeordnete Wohl des Kindes als ausschlaggebend zu betrachten. Dieses Kindeswohl liegt dem Haager Übereinkommen zugrunde, das von der sofortigen Rückgabe eines entführten Kindes absieht, wenn diese mit dem großen Risiko, insbesondere eines körperlichen oder seelischen Schadens für das Kind, verbunden wäre.»

Nun ist es ausgestanden, ein für alle Mal. Das Fernsehen taucht auf, Journalisten bestürmen mich. In Israel herrscht Betroffenheit.

Die Richter haben das Wohl meines Sohns über alle anderen Interessen gestellt, mehr haben wir nicht von ihnen verlangt.

Und jetzt

Und jetzt – zum Schicksal der Frauen in Israel
Dezember 2010

Ich habe gewonnen. Ich habe das Recht gewonnen, meinen kleinen Jungen bei mir aufwachsen zu sehen – ganz ohne vorgeschriebene Denkweisen. Ich habe das Recht gewonnen, mein Leben nach meinen Vorstellungen zu gestalten und selbst zu bestimmen, wo ich es leben möchte. Ich habe mich nicht einschüchtern oder entmutigen lassen. Ich werde nicht ins Gefängnis kommen. Doch dieser Sieg, der auf der Website der Großen Kammer nachzulesen ist, ist nur dann ein Sieg, wenn er auch etwas bewegt, wenn Staaten und Gerichte von nun an die Bedürfnisse der Kinder in den Mittelpunkt ihrer Debatten stellen, vor alle anderen Interessen.

Ich wünsche mir von Herzen, dass sich in Israel im Frauen- und im Familienrecht etwas verändert. Es gibt dort zu viele Frauen, die wie ich eingewandert sind und mit ihren minder- jährigen Kindern gegen ihren Willen festgehalten werden. Ihre Verzweiflung, nicht in ihre Heimat zurückkehren, ja nicht einmal ihre Familien im Ausland besuchen zu können, ist groß. Doch niemand spricht darüber.

In diesem demokratischen, mitunter höchst widersprüchli- chen Land schützt man sich vor dem islamischen Fundamen- talismus, während man die Augen vor dem Fundamentalis- mus der ultraorthodoxen Juden verschließt. Man übersieht geflissentlich, dass die Ultras auf dem Vormarsch sind. Man schweigt über ihre sektenähnlichen Methoden oder belächelt sie milde, wie in der Fernsehserie, die mein Exmann und ich uns anschauten. Und doch gibt es jedes Jahr Dutzende, Hunderte, vielleicht sogar Tausende Shais, die, zum Leidwesen ihrer Familie, eine Wandlung vollziehen. Es sind Männer, die, wie Caroline Fourest in ihrem Buch *Tirs Croisés* beschreibt, ihren Tag mit einem Gebet beginnen, dessen erster Vers lautet: «Gelobt sei Gott, weil er mich nicht als Frau erschuf.» Und vergessen wir nicht, dass einzig den Männern das Recht vorbehalten bleibt, heilige Texte auszulegen, in denen es um die Rechte der Frauen geht …

Die Ehefrau eines ultrareligiösen Mannes hat keinerlei Rechte außer dem, eine gute Ehefrau und Mutter zu sein. Und sollte sie ihn in ihrem Glauben gar übertreffen und das Lesen der Thora eifriger betreiben als er, wird sie selbst daran gehindert, denn es heißt, dass eine Frau die heiligen Texte nicht zu lernen habe. Vielleicht erinnern Sie sich an den Film *Yentl* mit Barbra Streisand, über eine Frau, die sich als Mann verkleidet, um den Talmud studieren und Rabbiner werden zu können? Das ist keine Fiktion.

Wenn sich heute die Verhältnisse in einer jüdischen Familie, egal, ob säkular oder traditionell, verschlechtern, kann nur der Ehemann die Scheidung, den Get, gewähren. Meine Freunde trauten ihren Ohren nicht, als ich ihnen von meinen Erlebnissen auf dem Rabbinatsgericht, von der rituellen Verstoßung, den Rückwärtsschritten, erzählte. Ich werde nie erfahren, warum mir mein Ehemann doch noch den Scheidebrief gab, doch ich weiß, dass es auf der ganzen Welt, in Kanada, in der Schweiz, in den Vereinigten Staaten, in Belgien, in Frankreich und vor allem in Israel, zahlreiche Frauen gibt, die lebenslang an einen Mann gebunden sind, den sie nicht mehr lieben. Sie können nicht wieder heiraten, kein normales Leben führen, keinen neuen Haushalt gründen. Und falls sie von einem anderen Mann weitere Kinder bekommen, werden diese als Bastarde betrachtet, die von religiösen Autoritäten nicht die Papiere erhalten, die für eine Heirat in Israel nötig sind – all dies, weil der Ehemann den Get verweigerte. Wie viele sind es, die sich die Scheidung «erkaufen», um sich endlich aus ihrer Lage zu befreien, oder die sie «gütlich» aushandeln, sprich im Gegenzug auf ihre Errungenschaften wie Unterhaltszahlungen oder das Recht, im Haus der Familie zu bleiben, verzichten?

Seit Jahren bemühen sich Organisationen, die jüdische Öffentlichkeit für die Probleme der Agunot (wörtlich: Frauen, die an einen Mann gekettet sind, der ihnen die Scheidung verwehrt) zu sensibilisieren. Sie bieten rechtliche Beratung, veranstalten Demonstrationen und betreiben Lobbyarbeit in der Knesset. Eines ihrer zentralen Anliegen ist, dass junge Eheleute vor ihrer Heirat einen Vertrag abschließen, weil jüdische Frauen weder hier noch dort über die rein religiösen Scheidungsmodalitäten aufgeklärt werden.

So ist die Lage. Und sie ist gewollt.

In Frankreich kämpft die internationale zionistische Frauenorganisation Wizo für eine bessere Gesellschaft in Israel und die Gleichberechtigung von Frauen und Männern. Dafür wurde eigens eine Hotline eingerichtet. Nur gibt es von diesen Organisationen leider viel zu wenige.

Und auch das ist das Israel des 21. Jahrhunderts: ein technisch hochentwickeltes Land, das seit der Staatsgründung von denselben unumstößlichen Gesetzen regiert wird. Sie gehen bis auf die Anfänge zurück, als David Ben-Gurion, einer der Gründerväter Israels, mit den Ultraorthodoxen, die sich gegen die Errichtung eines nichtreligiösen Staats sträubten, einen Kompromiss aushandelte. Um sie zufriedenzustellen, machte Ben-Gurion, der damalige Ministerpräsident, weitreichende Zugeständnisse, zum Beispiel, dass in Israel die göttlichen Sabbatgebote und die Kaschrut, die Speisegesetze, gelten, dass Bildungseinrichtungen streng orthodoxer Juden, insbesondere Schulen, geschützt werden und vor allem, dass den Rabbinatsgerichten in Fragen des Personenstatus die Entscheidungshoheit vorbehalten bleibt. Damit unterstehen Heirat und Scheidung nicht der weltlichen Rechtsprechung, sondern werden ausschließlich von religiösen Gerichten vollzogen. Ultraorthodoxe Juden sind ferner vom Militärdienst befreit, während ihre Töchter dazu verpflichtet werden ...

Seit Ben-Gurion hat sich nichts verändert. Der sogenannte Status-quo-Brief von 1947, der seine Handschrift trägt, gilt noch immer und regelt alle Beziehungen zwischen dem Staat und den Ultraorthodoxen. Auch die Vorschriften der Tzniut zur Kleidung und zum Verhältnis zwischen Mann und Frau sind in diesem Geist geregelt. In manchen israelischen Vierteln gibt es vor Kaufhäusern Warteschlangen für Männer und für Frauen und in Banken und Behörden nach Geschlechtern getrennte Schalter. In einigen Buslinien steigen die Männer vorne und die Frauen hinten ein, und Frauen, die nicht schicklich gekleidet sind, also Beine, Arme, Dekolleté und Haare nicht verhüllt haben oder Hosen tragen, dürfen nicht einsteigen oder werden gar zum Aussteigen gezwungen.

Trotz allem vermisse ich Israel. Doch ob ich es je wiedersehen werde, ist mehr als ungewiss. Die Freiheit hat ihren Preis. Was mir bleibt, sind meine Träume von Tel Aviv.

Das ganze Abenteuer war für mich wie ein überdimensionales Schachspiel. Nach jedem missratenen Zug musste ich mir eine neue Strategie zurechtlegen, dort sein, wo man mich nicht erwartete, um schließlich, als alles schon verloren schien, den anderen schachmatt zu setzen. Monsieur Lestourneaud hat mir nach unserem Sieg gestanden, dass uns keiner der Richter und Anwälte aus seinem Freundeskreis auch nur die geringste Chance gegeben hat.

Wenn ich zum wiederholten Male die buchdicke Gerichtsakte durchsehe, die mich die letzten fünf Jahre Tag und Nacht beschäftigt hat, kommt mir unweigerlich der Gedanke, dass mich dieser Kampf, den ich als Mutter führte, die ihren Sohn behalten wollte, vielleicht um das Schönste gebracht hat: das Erleben von Noams früher Kindheit.

Mein Sohn ist jetzt sieben Jahre alt, und ich habe nicht nur das Gefühl, seine ersten, seine sorglosesten Lebensjahre verpasst zu haben. In gewisser Weise hatte ich mein Herz verschlossen, weil ich wusste, dass ich ihn jederzeit verlieren könnte. Jeden Tag habe ich mich gefragt, welchen Sinn es überhaupt hat, mich an dieses kleine Wesen zu binden, das mir von der starrsinnigen Justiz weggenommen werden könnte.

Heute liegt das alles glücklicherweise hinter uns, auch wenn die verlorenen Jahre niemals zurückgebracht werden können. Nachdem ich so lange mit der Angst gelebt habe, gestatte ich mir nun wieder, Pläne zu machen, an die Zukunft zu denken. Jede Minute, die ich mit Noam verbringe, kann ich ganz ohne Hintergedanken auskosten. Ich kann mich mit ihm freuen, kleine und große Kindersorgen mit ihm teilen, ihn ganz einfach grenzenlos lieben, sehen, wie er heranwächst, dazulernt, ein Mann wird.

Die ganze Zeit über habe ich mich bemüht, meinen Sohn zu schützen, ihm seine Kindheit zu lassen. Mit sieben Jahren beginnt er, Fragen über seine Herkunft, seinen Vater, über Israel zu stellen. Dieses Buch habe ich für ihn geschrieben, damit er versteht, warum er noch nicht in das Land zurückkehren kann, in dem er geboren wurde. Wenn er größer ist, kann er seine Religion nach seinen eigenen Vorstellungen leben, ich werde seine Entscheidung respektieren. Doch ich werde stets an das Versprechen denken, das ich damals, am Rande des Sinai, gegeben habe: Niemals soll Noam vergessen, woher er kommt.

Dank

Ich danke meiner Familie, meinen Anwälten, meinen Freunden in der Schweiz, in Belgien und Israel, meinen Kollegen, Noams Schule und den Eltern seiner Klassenkameraden. Danke für die Liebe, den Beistand und die Unterstützung in dieser schwierigen Zeit. Ihr habt mir geholfen, immer wieder neu Mut zu fassen. Ihr habt an mich geglaubt.

Ich danke auch Albert, Andrew, Antoine, Bob, Catherine, Céline, Charly, Colette, Corinne, Dina, Evelyn, Félix, Frédéric, Ilana, Imrich, Iris, Ivan, Jaap, Jean-Charles, Jean-Claude, Jenny, Jim, Joëlle, Karen, Karine, Leticia, Lionel, Manuela, Marina, Martine, Mathieu, Menachem, Muriel, Nick, Nicole, Octavio, Pauline, Paulo, Pierre-André, Prisco, Raymond, Robert, Sabine, Terry und Yusely.

Inhalt

Prolog 5